古代史 04

美国国家图书馆
珍藏名传

薛西斯大帝
Xerxes the Great

[美]雅各布·阿伯特 著
公文慧 译

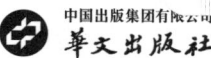

中国出版集团有限公司
华文出版社

图书在版编目（CIP）数据

薛西斯大帝 /(美) 雅各布·阿伯特著；公文慧译. -- 北京：华文出版社，2023.11

（美国国家图书馆珍藏名传）

ISBN 978-7-5075-5733-6

Ⅰ.①薛… Ⅱ.①雅… ②公… Ⅲ.①薛西斯一世—传记 Ⅳ.①K833.737=2

中国版本图书馆CIP数据核字(2022)第243756号

薛西斯大帝

作　　者：	[美]雅各布·阿伯特
译　　者：	公文慧
责任编辑：	方昊飞　王　彤
出版发行：	华文出版社
地　　址：	北京市西城区广外大街305号8区2号楼
邮政编码：	100055
网　　址：	http://www.hwcbs.cn
电　　话：	总编室 010-58336239　发行部 010-58336202 编辑部 010-58336265　010-63428314
印　　刷：	三河市航远印刷有限公司
开　　本：	787mm×1092mm　1/32
印　　张：	7.75
字　　数：	99千字
版　　次：	2023年11月第1版
印　　次：	2023年11月第1次印刷
标准书号：	ISBN 978-7-5075-5733-6
定　　价：	29.80元

版权所有　侵权必究

薛西斯一世

- 波斯帝国第四任君主,大流士一世之子。

- 薛西斯大帝即位后,率大军开启了又一轮希波战争。他率军入侵希腊,洗劫雅典,但在萨拉米斯海战中被希腊打败。

- 薛西斯晚年纵情酒色,亲信小人,导致波斯帝国内乱,于公元前465年被谋杀。薛西斯之死,象征着阿契美尼德王朝由盛转衰。

- 希波战争,是对公元前499年至前449年间波斯帝国与希腊城邦之间爆发的一系列战争的统称,前后持续五十年。战争以希腊联军获胜、波斯战败而结束。

中文名:薛西斯一世
外文名:Xerxes I
生卒年:公元前519年—约前465年
所在国:波斯帝国
职 业:国王
在位时间:公元前485年—约前465年

在薛西斯大帝生活的时代,世界上发生了哪些大事?

世界历史

公元前522年—前486年,波斯帝国大流士一世在位。他加强君主专制,帝国疆土不断扩大,征服色雷斯、印度等地区。

公元前492年,波斯帝国第一次大规模入侵希腊。公元前490年,希腊、波斯马拉松战役爆发。最终,雅典领导的希腊联军以少胜多,打败波斯。

公元前485年,薛西斯一世即位。波斯大军第二次大规模入侵希腊。公元前480年,希腊人与波斯人在萨拉米斯海湾展开殊死对决,希腊海军取得关键性胜利。

公元前449年,希腊和波斯签订《卡里阿斯和约》。由公元前499年开始,持续了五十年之久的希波战争以波斯帝国的失败结束。

中国历史

公元前486年,吴王夫差开凿邗沟,连接江、淮二水,是南北大运河开凿最早的一段。

公元前481年,即鲁哀公十四年,《春秋》编年纪事止。《春秋》记载了从鲁隐公元年(公元前722年)到鲁哀公十四年(公元前481年)共242年间鲁国和其他诸侯国及周王室的重要事件。历史上的"春秋时代"即因此书而得名。

公元前479年,孔子过世。孔子的弟子及再传弟子把孔子及其弟子的言行和思想记录下来,编成《论语》,成为儒家经典。

公元前475年,中国战国时期(公元前475年—前221年)开始。

公元前473年,越王勾践卧薪尝胆,灭亡吴国。

公元前453年,韩、赵、魏三家分晋,被视为春秋、战国的分水岭。

目 录

001　第1章　薛西斯之母（公元前 522 年至前 484 年）

017　第2章　埃及和希腊（公元前 484 年）

035　第3章　关于入侵希腊的提议的辩论（公元前 481 年）

055　第4章　为入侵希腊而进行的各种准备（公元前 481 年）

073　第5章　穿过赫勒斯滂（公元前 480 年）

091　第6章　在多利斯卡斯检阅军队（公元前 480 年）

113　第7章　希腊人备战（公元前480年）

135　第8章　薛西斯攻入希腊（公元前480年）

155　第9章　温泉关战役（公元前480年）

175　第10章　火烧雅典（公元前480年）

193　第11章　萨拉米斯战役（公元前480年）

227　第12章　薛西斯返回波斯（公元前480年）

第 1 章　*CHAPTER I*

薛西斯之母（公元前 522 年至前 484 年）

The Mother of Xerxes (B.C. 522—B.C. 484)

一提到"薛西斯"这个名字，很多人便会与人类能够达到的至高、至尊的境界联系在一起。这位皇帝是古代波斯帝国的君主，当时的波斯帝国无比繁荣，强大至极。然而，希腊历史学家向我们讲述他的故事的方式，可能丝毫没有损害他的强大与名声。希腊人打败了薛西斯，讲述他的历史时，夸大了薛西斯帝国的财富、兵力和资源，反而使他们的功绩显得更了不起。

薛西斯的母亲叫阿托莎。阿托莎是波斯帝国的奠基人居鲁士大帝的女儿。居鲁士死于黑海和里海以北的蛮族部落——西徐亚。他的儿子冈比西斯继承了王位。

在古代，一个王国或一个帝国很大程度上被君主视为自己的私产。他们进行统治的主要目的是扩大自己的权力，增加自己的快乐。一位国王或皇帝可以拥有比其他男人更多的宫殿、金钱和妻妾。如果他专横跋扈或者雄心勃勃，就会入侵邻居的土地。满足了征服的欲望及在战斗中树立了勇猛的名声，或者霸占了邻居的宫殿、财富和妻妾后，他才可能结束战争。

上天是一种神秘的力量,它驾驭着人们的所有激情和冲动,使某些局部的、特定的恶转化为某种程度上普遍的、广泛的善,使统治者的野心与自私变为维护秩序和统治的重要手段。例如,这些古代强大的君主,如果其统治范围内没有一个正规的、完整的社会组织系统——该系统应该确保整个社会的商业和农业活动井然有序地进行,那么他们就无法征税、招兵或采购战争物资。因此,不管这些专制君主多么野心勃勃、自私或自负,他们都对在自己的统治范围内建立起人与人之间的秩序和公正感兴趣。实际上,他们越野心勃勃、自私或自负,这种兴趣就越强烈,因为只有社会稳定、产业繁荣、内部安宁,他们才能征税,组建和供养军队。

因此,如果认为人类历史进程中不时出现的英雄、君主或征服者的所作所为通常会导致动荡和混乱,那就大错特错了。虽然他们进军、围攻、入侵别国及实施其他局部的、短暂的暴力行为会带来动荡和混乱，但这些只是个例，不是常态，因为无论从哪个角度来看，组建和供养军队更需要社会组织、产业及和平。比起强大的征服者们在完善与发展社会组织方面悄无声息、耐心及持续不断的努力，他们的开疆拓土更引人注目，留给人们的印象也更深刻。这些努力虽然鲜为人知，但确实耗费了征服者们的精力，超出了人们的想象。因此，如果我们要用一个词来形容恺撒的生平，那就是他"统一"[①]了欧洲，而不是"征服"了欧洲。他建桥、修路、建立司法体系、铸币、制定历法、使用其他类似的方法和手段发展社会组织，实现了政通人和，这一切才是这位强大的征服者为人类做出的贡献，而不是他进行的战斗和取得的胜利。同样，大流士是亚洲的"统一者"。而"征服者"威廉完成了，或者更确切地说，朝着完成英国统一的方向前进了一大步。至于拿破仑，人们真正应该记住的是他完善了制度、体系和法典，并将它们成功运

---

① 原文为"organized"。——编者注

用到社会管理中，而不是那个立在旺多姆广场上由缴获的大炮铸成的、厚颜无耻的铜柱。

这些深思显然是正确的，尽管不必总是牢记于心，但从道德角度来看，它们不会使这些强大的君主形象加分或减分。他们的所作所为，无论是对社会各种功能的组织化和体系化，还是残酷的征服和屠杀，从很大程度上来说，都是自私的野心驱动的。他们治国理政是为他们的权力奠定更加坚实、稳固的基础；他们要求百姓和睦相处，遵守秩序，就像奴隶主会平息奴隶之间的争端一样，因为劳动者之间能否和睦相处会直接影响生产；他们确定并且界定法定权利，设立法庭来裁决、执行；他们保护财产；他们统计男人的数量，并将男人分类；他们修路；他们建桥；他们发展商业；他们绞死盗贼，剿灭海盗……这样一来，他们才能不受阻碍或不受限制地征税和招兵买马。比起上述这些，实际在某种程度上，他们中的很多人可能有更加崇高的志向。其中一些人会因建立了一个强大、繁荣、富有的帝国而感到骄傲与自豪，这种感觉跟某个业主看到自己优良的、打理成功的、多产的庄园时的感觉一样。其他人，比如阿尔弗雷德大帝，会特别关注臣民的福祉，因此其臣民的福祉或多或少地成为他的直接目标。但不可否认的是，一直以来，自私的、不顾后果的野心是英雄们和征服者们行动的主要动力源泉，尽管这种野心只是为了增加权势，但它通过由上天的智慧设计的、特殊的国家机制来发挥作用，充当维护、巩固而不是摧毁人类和平与秩序的手段。

回到阿托莎本人。她父亲是奠定强大的波斯帝国基础的居鲁士，作为一位英雄和征服者，他既考虑周到又处事公正，并且非常渴望促进数百万臣民的福祉；他的儿子冈比西斯，也就是阿托莎的兄长，打小就盼着继承父亲的财产和权力。就像世界上各个时代的那些富贵人家的儿子一样，他小时候被父亲忽视，几乎不曾被管教，最后长成了一个野蛮、鲁莽、骄傲、自私、无法无天的年轻人。后来，他的父亲突然战死，他继承了王位。冈比西斯在位时间很短，并且多次冒险远征，最终悲惨地死去。实际上,他是有史以来最凶残、最鲁莽、最可恶的恶棍之一。

根据当时的风俗,波斯君主往往后妃成群。特别值得注意的是,先王驾崩后,新君不仅可以继承王位,还可以得到他的家人。居鲁士的后妃们生下几个孩子。只有冈比西斯和司美尔迪斯两个儿子,其他都是女儿,其中阿托莎最有名。皇宫里的女眷都住在不同的宫殿中,或住在同一宫殿的不同房间里,所以平日里她们并无太多交集。冈比西斯继承了父亲的王位,住进父亲的宫殿中。他看见了一个妹妹,并很快爱上了她。他想娶她为妻,因为他历来都是由着自己的性子想干什么就干什么,但现在他有一点顾虑,不知道自己的这一行为是否恰当。他询问了法官们。法官们讨论了一下,然后回复冈比西斯说,他们已经查阅了波斯的相关法律,尽管没有找到一个人可以和自己姐妹结婚的法律,但找到了许多授权波斯君主可以做自己喜欢的事情的法律。

于是,冈比西斯娶了自己的一个妹妹,不久故技重演，又娶了另外几个妹妹，其中一个便是阿托莎。

冈比西斯进攻埃及。在疯狂的征途中，他杀死了弟弟司美尔迪斯和一个妹妹，最后自杀身亡。阿托莎躲过了冈比西斯血雨腥风的统治带来的危险，在冈比西斯死后安全地回到了苏萨。

冈比西斯的弟弟司美尔迪斯如果活下来，将是冈比西斯的继承人。但是，冈比西斯派人暗杀了司美尔迪斯，而暗杀者对他的死亡秘而不宣。波斯都城苏萨还有一个叫司美尔迪斯的人，他是一位祭司，相当于牧师。祭司司美尔迪斯意欲篡位，就装成王子司美尔迪斯，用巧计诈谋来掩盖自己的骗局。其中一个计谋就是他从不出现在公共场合，只跟几位未曾见过司美尔迪斯王子的臣子待在一起。此外，他不让任何见过司美尔迪斯王子的人彼此见面，也不让他们见自己，目的是防止他们窃窃私语或者交流彼此的怀疑。对皇宫中的女眷而言，君主驾崩后，这种隔绝并不罕见，而司美尔迪斯除了更严密地隔绝后妃们和公主们，并没有违背通常的习惯。就这样几个月过去了，没有人发现他篡位，他一直过着奢华的生活，但与世隔绝，惶惶不可终日。

他之所以忧心忡忡，主要原因是怕别人看到自己的耳朵。多年前，他的职位还不高，不知何故得罪君主，被割掉了耳朵。因此，他一直用头发或头饰小心地遮住自己的耳部，但即使采取了这样的措施，他也永远无法感到安全。

最后，宫廷里一位既精明又善于观察的贵族，开始生疑。他没有办法接近司美尔迪斯，但他的女儿帕蒂玛是司美尔迪斯的妻子之一。他见不到司美尔迪斯，更不用说见自己的女儿了，只能想办法给女儿送信，询问她的丈夫到底是不是真正的司美尔迪斯。女儿回复说她也不知道，因为她没有见过其他的司美尔迪斯，如果真的还有一位的话。于是，这位贵族试着联系阿托莎，但怎么都联系不到。正因为阿托莎非常了解自己的兄长，所以祭司更加严密地将她隔绝。最后，实在没有办法了，那位贵族请求女儿，趁她的丈夫睡着之际找机会摸摸他的耳朵。那位贵族知道这样做会很危险，但他觉得女儿应该会这么做，因为她应该比其他人更想知道自己的丈夫是不是一个冒牌货。起初，帕蒂玛非常害怕，不敢接受这个危险的任务，但最终还是鼓起了勇气。一天晚上，她趁丈夫在躺椅上睡觉，将手伸到了他的头巾下，竟然发现他没有耳朵。

帕蒂玛发现真相后，一个打倒、灭亡篡位者的计划随后形成。计划很成功，司美尔迪斯被杀，被隔绝的后妃们获得了自由，大流士登上了王位。

根据上文已经提到的那种奇怪的继承原则，阿托莎最终成了大流士的妻子。在大流士漫长、辉煌的统治时期，她一直活跃在历史舞台上。

阿托莎的名字之所以引起人们的注意，与大流士远征希腊和意大利有关。事实上，正是她促成了这次远征。原来，在此之前她生病了，她一直默默忍受着病痛的折磨，不愿意跟其他人诉说，最后决定咨询一位希腊医生。这位医生是被抓来的俘虏，他精通医学，擅长医术，所以在苏萨颇负盛名。他告诉阿托莎，除非她答应自己一个请求，否则就拒绝治疗她的病。阿托莎想事先搞清楚他的要求是什么，但医生不告诉她。不过，他保证自己的请求不会损害她的名誉。

在当时的情况下，阿托莎答应了医生的请求。医生让她郑重发誓，如果治好她的病，那么只要他的请求正当合理，不损害她的名誉，她就应按照他的请求做事。然后，他开始为阿托莎看病，给她开药，照顾她。在预期的时间内，她痊愈了。医生告诉她，他的请求是让她想个办法，说服大流士送自己回故土。

阿托莎不折不扣地履行了自己的承诺。与大流士单独在一起时，她私下向大流士建议，进行对外扩张。她提醒大流士，现在他兵强马壮，开疆拓土，正当其时。接着，她又赞扬大流士英明能干，试图激发大流士大展宏图、流芳百世的雄心壮志。

大流士饶有兴致地听取了阿托莎的建议。他说自己先前已经制订了一些计划。他打算在赫勒斯滂①或博斯普鲁斯海峡建一座桥，从而将欧洲和亚洲连接起来；他还准备入侵西徐亚人的国家（西徐亚人曾打败并杀死强大的先王居鲁士）。如果他能成功征服那些打败居鲁士的人，对他来说将是无上的荣耀。

然而，大流士的这些计划不符合阿托莎的初衷。她劝丈夫以后再攻打西徐亚人，现在应该先征服希腊人，吞并希腊人的领土。她说，西徐亚人是蛮族，付出代价去征服他们毫无价值，而如果能征服希腊，那他将得到一个无价之宝。她希望大流士入侵希腊还有一个私人原因，就是她一直以来都想要一些来自斯巴达、科林斯及雅典的女性奴隶，对她们的风度和修养，她早有所耳闻。

因此，在妻子的劝说下，大流士决定入侵另一个大陆，征服地球上最强大的民族，实现军事雄心，同时抓回那些有风度和修养的侍女作为礼物送给自己的王后，想来这的确大快人心。当听到阿托莎的建议及她强烈推崇实施该建议的论据时，

---

① 达达尼尔海峡的古称。——译者注

他既激动又兴奋，很明显，他非常认可阿托莎的观点。最终，他决定派一个探险队去希腊进行考察，并要求探险队带回考察报告。而那个希腊医生被他任命为探险队的向导，至此，阿托莎的目的已经达到。

在《大流士大帝》一书中，我们已经详细讲述了这次探险及探险队在航行途中遇到的各种危险。这里要讲的是，那位希腊医生最终成功逃走了。起初，他假装不愿意去，真的要动身时他只是简单收拾了一番，生怕国王识破他一去不回的意图。与此同时，国王也采取了一些措施，以便确定这个医生是否可靠，但最终还是没能识破他的意图。于是，探险队出发了，那位希腊医生却再也没有回来。

阿托莎有四个儿子。薛西斯是她的长子，但不是大流士的长子，因为大流士登基前与另外一个妻子生过几个儿子。这些儿子中最年长的是阿托巴赞。阿托巴赞是一个性格温和、品德高尚的王子，尽管他是长子，一直宣称自己是王位继承人，但他既没有什么野心，也没有什么抱负。阿托莎不赞同他的观点,坚持认为自己的长子才是合法的王位继承人。

大流士驾崩前,这个问题必须得到解决。现在,他即将率军远征希腊。出发之前,根据波斯帝国的法律和传统,他必须确定王位继承人。

于是,薛西斯和阿托巴赞的朋友和支持者立即展开了激烈的辩论,双方都争先宣称自己支持的候选人应该继承王位。阿托巴赞的母亲和朋友坚持认为阿托巴赞是长子,所以他是王位继承人。但阿托莎声称薛西斯是居鲁士的外孙,所以血统决定了他拥有世袭王位的权利。

从某些方面来说,阿托莎的观点是正确的,因为居鲁士是波斯帝国的奠基人和合法君主,而大流士没有世袭王位的权利。大流士原本是高级贵族,并非皇室血脉;他之所以能在内乱时期即位,是因为当时已经没有可以即位的王子了。因此,那些坚持王位世袭的人可以非常合理地宣称大流士的统治是摄政。而薛西斯是居鲁士的女儿阿托莎的长子,是真正的皇室血脉。大流士在世时,尽管讨论继承权不太合适，但大流士驾崩后，毫无疑问，薛西斯有权即位。

这种推论虽然既合理又公正，但令大流士不太满意，因为这否定了他拥有真正的、有效的最高统治权。这样一来，与其说他死后王位是传给自己的儿子，不如说是传给居鲁士的外孙；尽管薛西斯既是大流士的儿子也是居鲁士的外孙，但关于继承人的争论似乎只依照薛西斯是居鲁士的外孙这个事实进行。不过，这很合阿托莎的心意，因为这样一来，薛西斯就是通过自己而非丈夫的血统继承王位的。也正是因为这个原因，大流士不是特别满意。他非常犹豫，不知道是否应该接受这个推论。尽管阿托莎颇受他的宠爱，她在波斯宫廷中的影响力无人能及，但大流士还是不愿意让居鲁士外孙比自己的长子优先继承王位，从而承认自己的王位是非法的、不合传统的。

事情发展到这个地步之际，一个叫狄马拉图斯的希腊人来到苏萨。他来自斯巴达，是一位被废黜的王子，为了躲避自己国家的政治风暴，逃到大流士的都城来寻求庇护。他想到一个既可以协调大流士作为君主的尊严和骄傲，又可以维护他作为丈夫和父亲的个人偏爱之间矛盾的方法。狄马拉图斯告诉大流士，根据希腊的继承法，薛西斯既是他的继承人也是居鲁士的继承人，因为薛西斯是他即位后生的长子。根据希腊人的观点，只有在父亲即位后出生的孩子才可以即位，因此，在他即位前出生的那些孩子都无权即位。狄马拉图斯说，总之，阿托巴赞只能被视为贵族大流士之子，而薛西斯是君主大流士之子。

最后，大流士采纳了这个观点，然后指定薛西斯为王位继承人。如果他在远征时没能安全回来，那么薛西斯就继承王位。他的确没能回来，确切地说，远征还未开始，他就死了。然而，王位继承的问题似乎也没有完全解决，因为大流士死后，人们就这个问题又进行了讨论。这个问题最终是如何解决的，我们会在下一章具体谈到。

第 2 章　*CHAPTER II*

埃及和希腊（公元前 484 年）

Egypt and Greece (B.C. 484)

驾崩前，虽然大流士指定了王位继承人，但他驾崩后，王位继承的问题再次出现。大流士驾崩时，薛西斯正好在场，于是立即着手接管王权。他的哥哥阿托巴赞不在场。薛西斯立即派人给阿托巴赞送信，通知他父亲驾崩，而自己准备登基，并且承诺，如果自己真的做了国王，会让他成为一人之下万人之上的人。此外，薛西斯还送给阿托巴赞许多精美的礼物，其目的是向他示好和表达敬意，从而获得他的支持。

阿托巴赞回复薛西斯说，很感谢他送给自己的礼物，并且很开心地收下了。他说，尽管如此，他仍然认为自己有权即位。如果他即位了，他会善待自己所有的兄弟，尤其是薛西斯。

之后，阿托巴赞来到米底亚，薛西斯也在这里。接着，宫廷贵族再次热议阿托巴赞和薛西斯谁应该继承王位的问题。最后，大流士的弟弟阿塔巴努斯，也就是两个争夺王位继承权的王子的叔叔，准备主持一场听证会。他之所以来主持这场听证会，可能是因为他位高权重，有资格来考虑和决定这个问题，也有可能是因为人们专门委托他裁决这个棘手的问题。起初，薛西斯非常不情愿接受这种听证会的裁决。正如他所坚持的那样，王位属于自己是理所当然的事情。他认为，舆论形势整体上对他有利。此外，他觉得父亲已经指定自己继承王位，现在却要由叔叔来裁决，那么他就丧失了上述优势，从而任凭叔叔摆布。

然而，阿托莎建议薛西斯同意把这个问题交给阿塔巴努斯。她说，他会公平、公正地考虑这个问题，做出正确的决定，并且她毫不怀疑他会做出有利于薛西斯的决定。"即使他不这样做，"她补充道，"虽然你失去了王位，但仍然是一人之下万人之上，两种结果的差别终究不大。"阿托莎似乎已经得到了一些阿塔巴努斯将如何做决定的暗示。

薛西斯虽然非常不情愿，但最终还是决定参加听证会。庄严的听证会召开了，所有贵族和高级官员都参加了。国王的宝座就在旁边，听证会结果一出，胜出者就能即位。阿塔巴努斯聆听了双方的辩论，最终决定王位属于薛西斯。阿托巴赞心甘情愿地、高兴地接受了这一决定。他率先向薛西斯鞠躬致敬，然后亲自带领薛西斯登上宝座。

薛西斯遵守了自己的诺言，让阿托巴赞成为地位仅次于自己的人。他任命阿托巴赞为三军统帅，而阿托巴赞对他忠心耿耿，直到最后战死沙场，我们在下文会谈到这件事。

薛西斯一登基，就需要立即决定一个重大问题，那就是他的父亲生前准备平定埃及的起义及发动对希腊的战争之决定。现在，他应该首先确定攻打哪个。

如果看一下地图，读者们就会发现波斯帝国向西扩张到小亚细亚和地中海沿岸后，沿着这个方向有两个重要的大国，北方是和波斯帝国接壤的欧洲的希腊，南方是起义不断的非洲的埃及。希腊人和埃及人既富有又强大，他们所在的国家富饶得难以形容，美丽得无以言表。然而，无论从哪个方面来看，它们都十分不同。

埃及位于一个狭长的内陆河谷。希腊坐落在海上，由不计其数的岛屿、岬角和半岛及蜿蜒的海岸组成，四周都是湛蓝的海水。埃及的地势低平，分布着丰富多样的植被、城镇和村庄及人类建造的、巨大的纪念性建筑。希腊遍布美丽的、蜿蜒曲折的山脉和河谷、陡峭的悬崖、曲折的海滩、岩石林立及高耸的岬角。一方水土养一方人，埃及人是一个安静的、温和的、善良的农耕民族。他们终其一生都在不断从河里取水，耐心、坚韧地劳作，或在平坦、肥沃的土地上耕种，或收割起伏的谷物。希腊人则或在大山的陡坡上放牧牛羊，或在森林里捕猎野兽。他们建造了用于航海的船舶；他们开矿，生产金属；他们建造了桥梁、城堡、神殿和城镇，还从山上凿出大理石来雕像。令人惊讶的是，埃及和希腊的海拔虽只相差几千英尺，但民族性的差异竟然如此大。

埃及的建筑和希腊的建筑差异也很大，就像两国的自然禀赋差异很大一样。各种建筑与其所处的自然环境保持和谐，但和谐是对比着看的，不是对应着看的。在希腊，自然风景壮丽宏伟，所以建筑师只需要关注美就行了。在山中、悬崖上、瀑布前及海浪不断冲刷的海岸上建造高大建筑的想法是荒谬的。于是，希腊的艺术家们不再受本能的驱使去做这种尝试，转而建造了漂亮的神殿。神殿对称的白色柱廊或装点着陡坡，或矗立在山顶。他们设计雕像，将它们放到位于树林或公园的基座上。他们建造喷泉；他们在长长的拱门和码头上修建了桥梁和高架渠。经过他们的巧手，参差不齐的石头被用来建造塔楼、城垛和城墙。而埃及位于平坦、辽阔的平原上，所以这里的建筑物又大又高：一排排巨大的石柱、雄伟的雕像、高耸的方尖碑和像高山一样从碧绿的平原上脱颖而出的金字塔。因此，上天赋予埃及美丽的风景，而人类将宏伟、壮观的元素加入其中。

埃及的形状特别像一条宽一英寸、长一码的绿丝带，呈蛇形躺在地上。为了描绘得更准确一点，我们可以想象一条银色细线从绿丝带中穿过，而尼罗河就是这条银色细线。然而，真正的、草木葱茏的河谷不像代表它的绿丝带一样宽度均匀，而是随着靠近大海而变宽，就好像那里原本有一个海湾或河口，被尼罗河带来的沉积物填满了似的。

实际上，尼罗河冲积而成的肥沃平原已经深入大海一段距离了。在距离河口大约一百英里[①]的地方，尼罗河分成三条支流，最靠外的两条支流与海岸形成了一个巨大的三角形，被称为"三角洲"，这个名称来自希腊字母"delta"，而"delta"表示三角形符号"Δ"。三角洲以南，肥沃的平原由一开始的二十五英里或三十英里逐渐变窄，因为两边的荒山与沙漠越来越靠近尼罗河。因此，埃及主要由两条长长的肥沃土地带组成，每条土地带都位于河的两边。在薛西斯时代，尼罗河三角洲人口稠密，每一处高地都分布着村庄和城镇。人们耕种土地，收获大量谷物，其中大部分谷物都会被运到尼罗河口，然后商船通过地中海，将谷物销往欧洲和亚洲各国。有时，商队会穿过沙漠来购买埃及的谷物，正如《圣经》记载的那样，当迦南的庄稼歉收时，雅各的儿子们就这样做过。

---

① 1英里≈1609.34米。——编者注

从古至今，埃及一直存在两大自然奇观。第一个自然奇观是这里几乎从不下雨，或者说极少下雨，因此，下雨被视为一种神奇的现象。就像英国或美国发生地震一样，埃及人认为下雨是一件危害自然的事。雨滴穿过云层从空中坠下，这个现象太奇怪了，人们甚至无法用语言来解释，因此，人们既惊讶又敬畏。此外，埃及不下雪，不降冰雹，空中没有云；阳光永远灿烂，天空永远平静。埃及的这种气候是自然条件决定的，直到今天都没有改变。现在，住在尼罗河岸边的阿拉伯人收割谷物后，将谷物堆在空地上，而他们的住宅没有屋顶，只有一层薄膜阻挡阳光的照射。

第二个自然奇观是尼罗河每年都会泛滥。仲夏时节，住在两岸的农民会发现河水逐渐上涨，之后开始变得浑浊。这种情况的出现似乎毫无缘由，因为天空依旧湛蓝、清澈，阳光依旧照耀着大地，并且似乎比往常更强烈。然而，居民们没有感到惊讶，也不会寻求对这种现象的解释。因为这是仲夏时节的正常现象，而他们是这种现象的见证者，从小到大，年复一年。因此，当特定的时节来临，如果尼罗河没有泛滥，他们会感到惊讶，但如果尼罗河真的泛滥了，他们一点都不会惊讶。

水位上涨，淹没了附近的水渠和低地，这一切都在提醒人们洪水即将来临，人们开始进行各种准备工作。他们收割庄稼，把所有水果和谷物都装进建在高地上的无顶的仓库中，这里不会受到洪水的影响。水位上升得很慢。渐渐地，河水溢向四周，池塘和湖泊的水位每天都在升高，面积每天都在变大，不知不觉淹没了低地。最后，洪水泛滥，淹没了更多土地，但空气依然干燥，阳光依然炽热，天空依然无云。

洪水继续泛滥，水域面积越来越大，地域面积越来越小，分割水域和地域的不规则的、临时的海岸不断变化。居民们聚集在村子里。这些村子建在高地上，有些高地是自然存在的，有些高地是人工创造的。水位继续上升，最后只剩下这些高地，就像浮在水面上的岛屿。河谷里一片汪洋，平静得就像夏天的大海，热带的太阳照在上面，反射回来的光芒闪烁着。白天,天空一尘不染,瓦蓝瓦蓝的;夜里,繁星点点,天空那么晴朗,那么寂静。

十月,洪水达到高峰。之后,洪水逐渐退去,留下一层肥沃的沉积物。居民们从小就经历了这些,所以对其成因既不惊讶也不好奇,而当时的哲学家和从其他国家来埃及的旅行者曾多次想解释这种现象。他们提出了三种理论,古希腊哲学家希罗多德在其作品中记录并讨论了它们。

第一种理论认为,每年仲夏时节尼罗河的水位上涨与地中海盛行的北风有关,北风导致尼罗河水逆流,最终冲出了河道。希罗多德认为,这种理论不能令人满意。正如他所言,当相应的时节到来时,地中海不一定刮北风,但尼罗河水位依然会上涨。此外,还有其他一些河也受到地中海盛行的北风的影响,其河水虽然逆流,但不会像尼罗河一样泛滥。

第二种理论认为,尼罗河不像其他河流那样发源于内陆的湖泊或山脉,而是发源于非洲另一边某个遥远而未知的海洋。这个理论的倡导者认为,这个海洋每年都会出现非常大的起落，可能的结果是当海洋的水位上涨时，海水就会进入尼罗河。然而，这肯定不是事实，因为泛滥的尼罗河水是淡水而不是咸水，所以不是来自海洋。

第三种理论认为，到了夏天，尼罗河源头附近的高山上冰雪融化，从而导致了水位上涨。希罗多德反对这种理论，与其他人的理由相比，他的理由更多、更服众。首先，尼罗河由南向北流。沿着这个方向，就像旅行者感受到的那样，每向南一里格[①]温度都会变得更高，而每向北一里格温度都会变得更低。否则，炽热的阳光将使人们无法生存。因此，认为尼罗河发源地会有冰雪的想法非常荒谬。此外，尼罗河很长，跨度很大，但沿岸各地居民从来没有提到过冰雪。因此，认为洪水可能是由这种原因引起的理论，是不合理的。

这些理论只在哲学家和学者之间讨论。普通人对这个问题的处理方式比较简单，也更有说服力。

[①] 一种古老的长度单位。在海洋中，1里格相当于5.56千米；在陆地上，1里格相当于4.83千米。——译者注

他们发挥想象力，为这条仁慈的河注入了某种生命和品格。他们看到河水缓慢地、不断地上涨，逐渐淹没了自己的土地；而当河水消退，沉积的泥沙变成了崭新的沃土。所以在他们看来，存在某个鲜活的、生动的智者，使用某种神秘的、难以捉摸的力量——尽管这种力量是他们未知的，亲切、友好地关爱着这个国家及其居民，每年都在这片土地上播散五谷丰登的祝福。从这个角度看，这条神秘的河凭借神奇的力量，唤醒了人们的崇拜和敬畏，而它的无穷无尽的恩惠唤醒了人们的感激。

古埃及的传说中有一个与法老费隆有关，很好地说明了这种神秘力量。一次，尼罗河泛滥，费隆和大臣们站在河边观察水位。这时，狂风大作、水流湍急、漩涡翻滚，尼罗河看上去像发怒了一样。费隆像其他法老一样傲慢，他拿起一根标枪投向翻滚最猛烈的漩涡，仿佛是在挑战愤怒的尼罗河。谁知他的眼睛瞬间失明了。

故事的后续发展跌宕起伏，但与尼罗河无关。费隆失明了十年后，一种神秘的超自然力量告诉

费隆将标枪扔进尼罗河的漩涡

他，对他的惩罚期已满，只要他采用某种特定的办法，即由一个贞洁的女人为他洗眼睛，他的视力就可以恢复。费隆很欢喜，但那时他还不知道找到一个贞洁的女人有多么困难。他先让妻子为自己洗眼睛，但没有效果。接着，他让宫里的其他妇人依次给自己洗眼睛，还是不管用。后来，他又从不同阶层、不同地位的女人中挑选品德高尚的来为他洗眼睛，但结果让他大失所望。最后，他找到一个农民的妻子，她的清洗竟然起了作用。法老的视力突然恢复了。他赏赐了这个农妇，授予她最高荣誉，因为她的品德经受住了考验。然后，他把那些为他洗眼睛无效的人召集起来，全部关进一个小镇，然后烧死了她们。

现在，回到尼罗河。人们在河谷的不同部位竖立了某种柱子，并通过计算标在柱子上的肘尺数，从而准确地测量水位。这种柱子被称为"尼洛米特柱"。位于尼罗河三角洲顶端的孟菲斯有一根"尼洛米特柱"，尼罗河上游也有一些"尼洛米特柱"。直到今天，这种柱子仍然被用于测量尼罗河的水位。

因此，准确测量尼罗河水位的目的不仅是满足人们的好奇心，一些重要的事情也取决于其测量结果。尼罗河泛滥的程度几乎完全决定了这片土地的肥沃度和庄稼的产出。由于农民的交税能力取决于庄稼的产出，"尼洛米特柱"为政府提供了一个标准，从而确定每年收多少税。此外，人们还修建了运河，把水输送到远方。人们会根据水位的高低打开或者关闭运河，这一切都是由"尼洛米特柱"来调节。

到了薛西斯时代，埃及因大型建筑物或大型建筑物的废墟而闻名。无论当时还是现在，它们的起源都因历史久远而搞不清楚了。希罗多德发现的金字塔，与拿破仑发现的金字塔，展现出一种同样神秘、孤独的壮观。就像我们这个时代的哲学家和旅行者一样，希罗多德也曾研究过金字塔的起源和历史。实际上，与现在的人们相比，他知道的更少，学到的也更少。将历史悠久的金字塔和埃及其他一些建筑奇迹与西方世界认为的历史悠久的建筑物进行比较，给我们留下了深刻的印象。牛津和剑桥有许多古老、庄严的学院和礼堂，其中不少都有两三百年的历史了，而伦敦城墙已经矗立七百年了。人们认为这些遗迹的年代已经足够久远，然而，不列颠及欧洲其他地方的罗马遗迹更加古老，已经有一千八百年的历史。参观这些遗迹时，人们总会感到惊讶和敬畏，因为它们经历了成百上千年，依然屹立不倒。而说起金字塔，如果我们回到两千五百多年以前，就会发现，那时的旅行者参观它们时，如此描述它们——在他们眼中，金字塔是古老的、庄严的、神秘的、未知的纪念碑。今天的人们依然这样认为。如果金字塔是一座遥远的山，人们已经走了很远，但距离这座山似乎仍然像以前一样远。现在，在追溯金字塔、方尖碑、高大的雕像及尼罗河附近巨大的石柱的历史时，我们即使回到两千五百年前，依然一无所获。

这就是埃及。它虽然在地理上与其他国家隔绝，但土地肥沃，经济发达，因此它成为野心勃勃的征服者们觊觎的对象。事实上，这个长长的、狭窄的、草木葱茏的河谷，其地形比较特殊，自然现象非同寻常，居民生活富足，导致英雄们、征服者们都视埃及为建功立业的地方。波斯君主制的奠基人居鲁士意欲征服埃及，但没有付诸实施，而是将这一重任交给自己的儿子冈比西斯。大流士在位期间，埃及已并入波斯帝国，但在他驾崩前，埃及发生了叛乱，此时他正准备远征希腊，所以他无法确定是先平定埃及的叛乱，还是先进攻希腊。犹豫不决之际，他驾崩了，将这个问题留给了自己的儿子。

薛西斯决定先进攻埃及。他认为，帝国的某个省发生了叛乱，此刻如果君主却在率军攻打另一个地方，那么这样的军事策略是十分危险的。马尔多尼乌斯是波斯军队的一位指挥官，也是薛西斯远征埃及主要依靠的一位大将，但此时，他强烈反对这个计划。他迫切地想先征服希腊，因为现在仅仅镇压埃及的叛乱，重新征服曾经被征服的土地，对他来说毫无成就感。他急于征服一片全新的土地。然而，薛西斯否定了马尔多尼乌斯的想法，波斯军队开始向埃及进军。他们途经朱迪亚,那些从巴比伦城返回的俘虏及其后代正在重建他们的城市和家园。薛西斯重申他们拥有居鲁士和大流士赐予他们的特权,还向他们提供帮助。之后,薛西斯继续向尼罗河行进。波斯军队很快镇压了埃及的叛乱。在离开苏萨不到一年的时间,薛西斯重新征服了整个埃及,处死了叛乱的领导人,任命自己的兄弟担任埃及总督,之后他安全地回到苏萨。

这一切都发生在他在位的第二年。

第 3 章　*CHAPTER III*

关于入侵希腊的提议的辩论（公元前 481 年）

Debate on the Proposed Invasion Of Greece (B.C. 481)

一直以来，薛西斯在制订计划时主要依赖自己的判断，而这种判断依赖两位非常出色的谋士，他们分别是阿塔巴努斯和马尔多尼乌斯。阿塔巴努斯是薛西斯的叔叔，正是他最终决定将王位授予薛西斯，而马尔多尼乌斯是薛西斯的重要将领。薛西斯非常年轻，骄傲，自大，豪爽，拥有自信，抱有宏大志向。马尔多尼乌斯比薛西斯大一些，本身是军人，所以非常渴望在一些大规模军事行动中扬名立万。在任何时代，在所有君主制国家或专制政府统治的国家中，像他这样出身并不高贵的人，扬名立万的唯一途径是在战场上建立军功。有的人确实可以凭借自己的精神力量或美德名垂千古，但纵观人类历史，扬名立万的途径只有两种：一种是出身高贵；另一种是杀戮和毁灭。也就是说，人们要想扬名立万，要么靠高贵的血统，要么靠血流成河。显然，与第一种途径相比，第二种途径稍逊一筹，但对普通人来说，第二种途径十分重要。一个屠城的人必然能在同胞中获得威望。

事实上，情况正在发生巨大的变化。骑士的时代，军队杀人屠城的时代，以野蛮、血腥的杀戮为荣的时代已经渐行渐远；和平的时代，工业的时代，以促进人类安宁与幸福为荣的时代已经来临。当今世界，那些举世闻名的人，要么是通过经商开厂使数百万同胞衣食无忧的人，要么是创造国际交往的新渠道或者新方法的人。他们使野蛮人和生活在偏远地带的人变得文明，而通过杀戮和毁灭建立起来的荣耀越来越不被重视，越来越容易被遗忘。

然而，在薛西斯所处的时代，人们只有在战场上才能扬名立万。因此，马尔多尼乌斯认为，他扬名立万的唯一途径就是在世界的某个地方发起一场声势浩大的军事行动；而那个地方越美丽、越富有、越有生机，他能建立的功勋就越卓著。因此，他迫不及待地想方设法推进攻打希腊的计划。

薛西斯的叔叔阿塔巴努斯年事已高，行事沉稳冷静。他比年轻人更懂得战争的不确定性和危险性，因此，他更多的是想遏制而非激励侄子的野心。薛西斯有理由攻打埃及，因为埃及人正在叛乱。然而，进攻希腊不存在这样的理由。其实，波斯人与希腊人曾经爆发过两次战争。第一次，希腊人帮助他们小亚细亚的同胞去争取独立，结果失败了。波斯人认为，希腊人这是在支持和鼓动叛乱。第二次，大流士的大将达提斯率军大举入侵希腊。他们在雅典附近登陆，随后在马拉松战役中惨败。第一次战争史称"爱奥尼亚叛乱"，第二次战争史称"波斯第一次入侵希腊"。两次战争都发生在大流士统治期间，并且第二次战争发生在薛西斯即位前不久，所以很多参战的军官仍在苏萨的宫廷和军队中任职。虽然战争已经结束，但阿塔巴努斯丝毫不想重燃战火。

然而，薛西斯决意再次攻打希腊。开始备战前，他召集将军、贵族和重臣们参加御前会议，并向他们宣布自己的计划。叙述这一事件的历史学家用下列方式记录了这场辩论。

薛西斯在御前会议上首先阐述了自己的计划，他说：

朋友们，我呼吁大家一起参与的这个计划并不是我自己设想出来的，征服希腊本来就是祖先们的遗志。他们如果还在世，一定会拼尽全力实现这一目标。如今，我既已继承王位，就有责任将这项事业进行到底。

波斯注定要统治世界。从居鲁士征服米底亚开始到现在，我们帝国的疆域一直在向四周扩大，除了一些蛮族居住的偏远之地，波斯的版图几乎已经囊括了整个亚洲和非洲。而那些蛮族与野兽共存的森林地带，压根不值得我们派兵征服。这些伟大的征服正是威名远扬的居鲁士、冈比西斯及大流士凭借勇气、干劲和兵力征服而来的。他们已经攻下了亚洲和非洲，只剩下欧洲了。因此，我有责任完成这未竟的事业。如果我的父亲还活着，他一定已经完成了这项伟业。他已为此做了万全的准备，但他驾崩了，这项事业就留给了我。

我当然不会推卸责任，一定会义不容辞地完成这项伟业。

你们一定还记得爱奥尼亚叛乱期间雅典人无缘无故、肆无忌惮地入侵，他们与叛乱者和敌对分子一同进攻我们。他们穿过爱琴海，侵入我们的领土，焚毁了我们帝国西部的重要城市萨迪斯。不把雅典城化为灰烬我誓不罢休。你们中应该有很多人还记得达提斯率领的远征军的命运。你们想要一雪前耻的决心已经无须我更多的敦促。我相信你们一定会满怀热情地支持我。

这次我们进攻希腊的计划与以往不同，之前我们都是用桨帆船把将士运过爱琴海，这次我们要建一座横跨赫勒斯滂的桥，然后直接在陆地上行军。我深信这个办法具有可行性，并且要比其他办法更安全。修建一座跨越赫勒斯滂的桥本身也是一项壮举。我们可以源源不断地往希腊增派援军。对此，希腊绝对抵抗不了。我们一定可以征服希腊；并且据我所知，希腊之外根本不存在任何可以与我们一较高下的力量。我们不费吹灰之力就可以将波斯帝国的版图从四面八方扩大至大海，征服所有可供人类居住的地方。

我相信，在实施这个伟大计划的过程中，你们一定会真诚地支持我，你们每一个人都会尽力从自己的所在区域和领地召唤尽可能多的人加入我们，并为我们尽力募集战争物资。对其中表现最突出的人，我将赐以最高的荣誉，赏以最高的权位。

这就是薛西斯在御前会议上的讲话。最后，他总结道，在这件事情上，他不想独断，所以希望在场的所有人都能自由地表达看法或观点。

薛西斯讲话时，马尔多尼乌斯激动不已。国王说的每句话都好像为他的激动再添一把火。因此，当国王允许与会人员发言时，他立即站了起来，认真地说了下面一番话来支持国王的提议：

陛下，我非常钦佩您的高瞻远瞩和深谋远虑，您提议的这个计划与您高贵的身份和崇高的威望特别相称。目前您所处的地位和拥有的权力是历任国王中最高的，预计之后也不会有其他国王超过您。您的目标是征服整个世界，这样的魄力无人能及。我们所有人都很钦佩您的傲骨，正是这样的傲骨才能让我们在面对希腊人的入侵和冒犯时不怯懦、不屈服。印度、埃及、埃塞俄比亚、亚述等国家从未入侵过我们，而我们只是为了开疆拓土，就可以将它们一并征服；现在，希腊入侵了我们这么多次，我们忍受了这么多屈辱，难道我们要放弃吗？无论是荣誉，还是男子气概，都不允许我们现在停下来。

我们绝不畏惧您召唤我们参与的计划。我了解希腊人，他们根本无法抵御我们的进攻。我曾多次与希腊人交锋。我曾在小亚细亚碰到过希腊人，结果你们都知道。在您父亲大流士在位期间，我也曾在马其顿和色雷斯碰到过或追击过他们。就算我率兵穿过这个国家，希腊士兵也总是避开我们，我们怎么都找不到他们。他们的名号确实很响亮，但排兵布阵的人都愚蠢至极，并且他们本身并不团结。实际上，他们操着同一种语言，但凡有点智慧的将领都可以将他们团结在一起，共同抵御外敌的入侵。然而，希腊分裂为众多的小城邦，希腊人的才智和力量在无尽的争夺中损耗殆尽。我相信，我们只要穿过赫勒斯滂，就一定能够顺利抵达雅典，不会遇到任何阻力；即使真的遇到，敌军的规模也大不到哪里去，我们能立刻将其消灭。

马尔多尼乌斯预测的其中一点非常准，后来的事实证明，波斯大军到达了希腊东部的温泉关——从北部进入希腊的必经之地,并在这里只碰到一支三百人的守军。

马尔多尼乌斯发言完毕后,坐了下来。此时,会场一片寂静。与马尔多尼乌斯不同,面对这场充满危险和不确定性的远距离战争,波斯的贵族和将领们还没有下定决心。毕竟战争胜利后,薛西斯能够扩张领土,增加财富;马尔多尼乌斯能声名远扬,加官晋爵;但这些贵族和将领能得到什么呢?然而,他们又不敢公开反对国王的计划,所以面对国王的召唤,他们保持沉默,不知道该说些什么。

薛西斯的叔叔,也就是德高望重的阿塔巴努斯,一直和其他人一样保持沉默。其实,他一直在犹豫,以他现在的年龄、身份及自己与国王的关系,他不知道自己是不是应该提醒侄子恣意入侵希腊会危及波斯,也不知道这样做是否会触怒国王。最终,他还是决定说一下:

> 我的观点与马尔多尼乌斯的不同,希望我的话不会惹恼您。我认为我们应该听

听不同的意见，毕竟对比之后才能发现哪种观点更好。我认为您刚才的提议危险重重，在正式实施前，还请您三思而后行。当初，您的父亲大流士想经多瑙河进攻西徐亚，我曾劝他不要这么做。因为我们在这场战争中得到的东西，不足以补偿战争中我们为了摆脱困境和危险而付出的代价。但您的父亲否决了我的建议，执意进攻西徐亚。他横渡博斯普鲁斯海峡，穿过色雷斯，然后渡过多瑙河；但那些人迹罕至的地方有很多蛮族部落，您的父亲率军与他们进行了旷日持久的战争，最后被迫放弃原定计划，返回波斯。当时，他的军队人数只剩出发时人数的一半。而现在我觉得您提出的建议也存在同样的风险，我很怕您重蹈覆辙。

一直以来，人们都称希腊人为"勇猛可怕的仇敌"，战争结果也证实了这一点。希腊人击败了达提斯统率的军队，波斯军队损失惨重，最终被迫撤离。我觉得您的进攻计划比达提斯的进攻还要激进。您要横跨赫勒斯滂建一座桥，从而让我们的军队从欧洲北部直接进入希腊，与此同时，您还要在爱琴海部署一支强大的海上舰队。然而，您要知道希腊人在爱琴海的装备也非常精良，他们有可能摧毁您的舰队。他们如果真的摧毁了我们的海上舰队，然后一路向北行进，就有可能进入赫勒斯滂，然后摧毁您修建的桥梁。这样一来，他们就切断了您的退路，局势就会发生逆转，您的军队就有可能覆没。

事实上，您父亲也曾险些丧命。当他率军在多瑙河的对岸作战时，西徐亚人就曾企图摧毁跨越多瑙河的桥梁。要不是希斯提亚埃乌斯留下来守桥，西徐亚人早就得逞了。现在想想，如果不是希斯提亚埃乌斯的忠诚和坚守，西徐亚士兵极有可能截杀我们所有的士兵及我们的统帅——波斯国王，这太可怕了。如果您和您的士兵身处这样的险境，您确定自己也能如此侥幸逃脱吗？

通常说来，兵力越强大，毁灭的速度反而越快，因为一件东西越是超凡脱俗、与众不同，其面临的危险就相应地越可怕、越惊人。这类似于高耸的树和塔，就特别容易受到雷电的袭击。

马尔多尼乌斯说希腊人不聪慧、办事效率低下，也不够勇猛，还鄙视希腊士兵的其他方方面面。然而，我认为这样的说法应该针对的不是所谓的希腊人，或者说，这样的责难显示出说话人的不诚实。贬低不在场的那一方是不光明磊落、不明智的，更何况不在场的那方还是敌人；我非常害怕人们到头来会发现希腊人的性格与马尔多尼乌斯所称的那些性格完全相反。一直以来，希腊人都享有睿智、勇敢、高效的美名，最后人们有可能会发现希腊人的这些美名是真的。

因此,我建议您现在解散御前会议,深思熟虑后再做决定。也许您再考虑一下,就会打消这个念头。如果最终您还是不想放弃,那么我恳求您不要亲自出征。让马尔多尼乌斯领兵负责这场战争吧。如果他真的去了,那么我猜,到最后,他一定会把您交给他的士兵的尸体留在雅典或斯巴达平原上被野狗吃掉。

听到叔叔的这番言论,薛西斯怒不可遏,于是愤怒地回应了。他谴责阿塔巴努斯的想法龌龊,胆小怕事,竟然主张波斯人向傲慢自负的希腊人屈服,这简直侮辱他自己的身份和地位。薛西斯还说,阿塔巴努斯如果不是自己父亲的兄弟,他一定会重重地惩罚他。接着,薛西斯说:"既然如此,我会执行自己的计划,但你不配与我一同前往。你就跟宫里的女人和孩子待在一起,好好享受这段适合你这种软骨头的无耻时光吧。而我一定会亲自实施宏伟的计划。即使我采纳了你那胆小的怀柔政策，我和希腊人的冲突也无法避免，因为我相信如果我们不先征服希腊，他们很快就会来入侵我们的领土。"

说完，薛西斯解散了御前会议。

然而，薛西斯的内心异常不安。虽然他愤慨地驳斥了阿塔巴努斯的建议，但阿塔巴努斯的主张及其提出的建议就像石头一样压在他的心头，令他备感压抑和沮丧。他思考的时间越长，就越怀疑和惧怕。最终，当夜晚来临，薛西斯终于认识到阿塔巴努斯是对的，自己是错的。当他决定放弃那个计划时，他的内心终于平静下来。他准备第二天一早就告诉阿塔巴努斯和贵族们自己改变了计划，然后撤销召集军队的命令。想到这里，他渐渐平静下来，躺到床上休息去了。

夜里，薛西斯做了一个奇怪的梦。梦里有一位光芒四射的、美丽的神站在他面前，目不转睛地注视了他一会儿，说："你深思熟虑之后才决定入侵希腊，并且你已经将之公布，现在你真的打算放弃吗？将国家大计变来变去实在是荒谬，对你更是极大的侮辱。拾起你之前的计划，继续勇敢、坚定地实施它。"说完，神就消失了。

第二天，薛西斯醒来后，昨天御前会议上发生的事情再次浮现在脑海中，并开始与他昨夜的梦景相互交融，他变得越来越烦躁、困惑。然而，各种因素又迫使他必须做出最后的决定。阿塔巴努斯的观点和警告战胜了虚幻的梦境，最终，他决定放弃之前的计划。于是，他再次把大家召集在一起告诉他们，经过一番深思熟虑，他觉得叔叔是对的，而自己是错的。因此，作战计划暂缓，召集军队的命令取消。听到这个消息，大家都非常开心。

然而，到了晚上，薛西斯又做了一个梦。同样的情景再次出现在梦里，但这次，神的面容不似昨夜那般和善，而是非常严肃。他凶神恶煞地指着受惊的国王说："你竟然不听我的建议，放弃了之前的进攻计划；现在我要告诉你，除非你立即拾起之前的计划并切实地执行，否则，虽然你即位的时间不长，但你倒台和灭亡的时间会更快到来。"

随后，神迅速从薛西斯的梦里消失，独留他惶恐不安，辗转难眠。

破晓时分，薛西斯赶忙派人请来阿塔巴努斯，并将自己的梦境和盘托出。他说："在听了您的发言之后，我好好地考虑了一番，然后决定放弃之前的计划；但现在我忍不住想，这些梦是不是神在暗示我应该入侵希腊呢？"

阿塔巴努斯试图打消薛西斯的这个念头，就告诉薛西斯，梦境象征的并非神的意志，只是人清醒时的想法变得模糊和混乱了，这是因为人的推理与判断的能力因睡眠的影响而暂停或受阻。然而，薛西斯觉得这种说法只能解释第一次异象的出现，但第二次异象的出现证明梦境是神的意志。为了进一步确定这一点，薛西斯建议到了晚上，阿塔巴努斯代替自己躺到国王的床上，然后看看神是否还会出现。他说："你穿上我的衣服，然后戴上王冠，坐在王位上。到了晚上，你可以进入我的寝宫，躺在我的床上休息。这个异象如果是神的意志，就一定会向你显现。如果它没有出现，我就相信这只是一个梦。"

起初,阿塔巴努斯并不想接受薛西斯的这番安排,因为他想不出自己穿国王衣服假扮国王有何好处。但薛西斯坚持要他这么做,他只好答应了。他穿上国王的衣服,当了一晚上的国王,然后进入国王的寝宫,躺到帷帐中的床上。因为他心无杂念,所以很平静,不一会儿就睡着了。

午夜,在寝宫隔壁休息的薛西斯突然听到一声响亮、刺耳的尖叫声从寝宫传来,然后就看到阿塔巴努斯一脸惊恐地跑了出来。阿塔巴努斯也梦到了神,只是他梦里那个神的神情、举止显得更加愤怒,神不仅谴责阿塔巴努斯阻止薛西斯进攻希腊,还试图用手里准备好的烧红的烙铁将其眼睛剜出来。阿塔巴努斯吓得从床上跳下来跑出房间,好像如果再晚点儿,他根本就逃脱不了似的。

阿塔巴努斯说现在他确信无疑,神的意志就是让薛西斯进攻希腊,而他则要尽自己的一切力量帮助薛西斯。于是,薛西斯再次召开军事会议,向人们讲述了这三次梦境,最终宣布立即召集军队,向希腊宣战。

在这里，我想要强调的，可能在这一系列其他书中也提到过，就是我们今天研究古代历史时，重要的不是确定故事的真相到底是什么，而是要关注在人类历史上传承了两千年的故事本身。比如，我们不需要搞清楚历史上是否真的存在大力神赫拉克勒斯，但所有学识渊博的人都应该知道古代作家讲述的关于赫拉克勒斯的故事。从这个角度来说，我们这一章主要是简单讲述薛西斯在位期间的历史，而不是通过这段历史辨别真伪。在讲述这段历史的过程中，我们只是把古代历史学家们记录的所谓事实本身传递给读者，然后由读者自己来确定到底相信几分。关于我们前面讲述的故事，我再补充一点——有人认为，吓坏阿塔巴努斯和薛西斯的那个神，其实是马尔多尼乌斯假扮的。

第 4 章　*CHAPTER IV*

为入侵希腊而进行的各种准备（公元前 481 年）

Preparations for the Invasion Of Greece (*B.C. 481*)

攻打希腊的命令一下达,就迅速传至帝国的各个行省。薛西斯要求各地开始进行必要的备战工作,包括征兵、制武器、造船、储备物资。薛西斯要组织的是一场声势浩大的远征,需要筹集大量军费。面对所有需要准备的事项,薛西斯不仅从各个行省征税,还把作战命令完整、迅速地传至亚细亚所有附属国君主和行省总督那里,特别是与波斯帝国西部边境接壤又临近希腊的那几个附属国。

在现代,强国的做法是将武器和弹药储存在军火库和海军仓库里,这样一来,在进行一些大规模的军事行动时,无论是进攻他国还是抵御他国的进攻,都可以在很短的时间内获得必要的军需物资。军费亦是如此。在应对突然出现的、紧急的、数额巨大的军事开支,现代国家比古代国家拥有更大的优势。因为钱集中在少数人手中,而人们大都对政府的商业信誉和诚信比较放心,所以只要承诺支付年利息,政府随时都可以筹集到大量金银。在某些情况下,政府颁布了一项规定,只要在特定的期限内归还本金,就可以不支付年利息,但在大多数情况下，政府借来的钱大部分是不会在特定期限内偿还的。事实上，债权人不希望这种情况出现，因为他们追求的是钱生钱，而不是本金的安全。因此，那些信誉良好的政府都会劝说债权人降低利率，否则就一次性全额偿还债务。

通过这种方式，那些穷兵黩武的现代国家就可以将军费负担转嫁到另一方身上。然而，古代不存在这样的运作方式。薛西斯不知道如何发行国债，即使考虑过，他对波斯的国库也没有信心。他只能依靠征税来获得军费，然后迅速制造兵器和战车。此外，为了供养由征召的将士们组成的庞大军队，必须有足够的粮草。同时，为了方便粮草的储存和管理，还需要修建仓库。正如人们预料的那样，所有准备工作都需要时间。这些准备工作太过烦琐，以至于做完这些工作需要四年的时间。当然了，这段时间还包括了我们在上一章讲的人们讨论是否进攻希腊所花费的时间。

在这段时间里，备战的主要场地就在小亚细亚半岛西部和爱琴海海岸。波斯各地都被收了税，但大部分粮草还是从那几个离战场最近的行省收来的。各地都提供了当地特色鲜明、优势突出的东西。有的地方送来了战马,有的地方提供了粮草,有的地方送来了兵器,有的地方造了船。按照功能的不同,船的样式和构造也各不相同。有的船是交战时使用的正规的桨帆船;有的船是运送士兵和粮草的运输船。此外,当时的工程师们还设计了许多构造奇特的船,船身特别长,侧面呈直线型,甲板又平又光。这些船会用来帮助建造横跨赫勒斯滂的桥梁。船身造得这么长,是为了让船横着排列于赫勒斯滂时,建桥的平台可以搭得更宽。总之,一切都按计划有条不紊地进行着。

尽管这些规模宏大的备战工作都是在爱琴海位于亚洲的那一侧进行的,因为波斯大军的首要行动是跨越赫勒斯滂。但读者们千万不要误以为此时爱琴海的欧洲一侧完全是受希腊人控制的,因为很久之前,爱琴海北部的陆地及海上的许多岛屿就已经处于薛西斯的统治之下。希腊人的统治区域更靠南一些。薛西斯预测,波斯军队一开始不会遇到任何抵抗，穿越赫勒斯滂后，可以直达雅典附近。由于爱琴海北岸各国都已经臣服于薛西斯，因此，薛西斯预测，行军途中遇到的问题，只可能是波斯军队本身的问题或沿途的地形障碍。他面临的难题其实是如何穿越赫勒斯滂，这里本就危险重重，还要在这里以船为支点建桥。此外，还有一个更加易守难攻的地方，那就是阿索斯山。

爱琴海西北部的陆地上有两个或三个突出的岬角。其中最北部的岬角最大，是高大的山体突入水面而形成的，它与陆地之间形成一个地峡。在古代，岩石遍布的山脉中的最高峰被称为"阿索斯山"。现代人们习惯上称它为"圣阿索斯山"或"圣山"，山上建满中世纪的庙宇、修道院及其他一些宗教建筑。

在古代历史上，阿索斯山非常有名。它沿着岬角延伸数英里，然后在面向大海的地方形成悬崖峭壁。它的海拔非常高，每当黄昏来临，在落日的余晖中，山峰的影子可以投射到二十里格之外的利姆诺斯岛。在古代航海家的眼里，阿索斯山就像是一个可怕的幽灵。当他们前往希腊或意大利,乘着简陋的船航行至此时,会看到山顶云雾缭绕,山脚下的爱琴海波涛汹涌,不时发出雷鸣般的吼声,好像勃然大怒似的。更让人害怕的是,据说,这里常常有一些可怕的畸形海怪出没,每当翻滚的海水无情地将落水的船员拍打到礁石之上时,海怪就会出现,把船员吞掉。

薛西斯为此次远征制订的计划是,军队穿过横跨赫勒斯滂的大桥,然后从陆路穿过马其顿王国和色萨利,一支由多桅帆船、运输船和桨帆船组成的海军舰队沿着海岸前进。远征军经陆路可以更便捷地到达目的地,而各种补给、武器装备、物资及辎重等则通过水路运送更容易。马尔多尼乌斯有些担忧,因为随着阿索斯山的岬角不断增大,海军舰队行进的安全性无法得到保障。

实际上,马尔多尼乌斯如此担忧,是有特殊原因的。因为很多年前,他曾在这个岬角目睹过一场可怕的灾难。灾难发生于大流士在位期间。当时,马尔多尼乌斯奉大流士之命远征。他率领一支庞大的舰队沿海岸航行至此，正准备穿越这个可怕的岬角时，暴风突然来袭。

那时，马尔多尼乌斯和舰队正好位于岬角的北部，而暴风也从北部刮来，直接吹向岸边。为了避开不断逼近的暴风，舰队必须马上掉头。然而，暴风来得既突然又凶猛，舰队根本来不及掉头。船员们试图通过扬帆来掉头，却发现呼啸的狂风把帆刮走了，船桨也被可怕的海浪击成了碎片。马尔多尼乌斯一行人很快就意识到，他们逃脱的唯一方式就是不顾一切继续绕过这个岬角，这样才能到达背风的安全海域。于是，桨帆船继续前行，领航员们和海员们竭力使它们远离海岸。

然而，他们的所有努力都是徒劳的。无情的暴风将船一艘接一艘地吹到礁石上，瞬间撞得支离破碎；可怜的船员们试图抓紧失事的船，但汹涌的海水又将他们甩进翻滚的漩涡之中，怪物正在那里等着他们，而海水就是残暴的怪物，准备用船员这样的猎物喂食自己的孩子。的确有几个船员穿过缠绕的海草，爬到了礁石上，成功逃离了海水的魔爪。但是，他们爬上去之后，却发现自己进退两难，上面是悬崖峭壁，下面是咆哮的巨浪。暂时的逃脱换来的只是延迟到来的折磨。最终，他们精疲力竭，在暴雨和冷风中悲惨地死去了。

马尔多尼乌斯再也不想经历一次那样的灾难。虽然阿索斯山的岬角非常高，多岩石，但它通过一个海拔很低并且不是很宽的地峡与大陆连接在了一起。薛西斯决定在地峡处开凿一条运河，这样波斯舰队就能穿过这条狭窄的通道，而不用在暴风雨中穿行于地峡外面的航道了。这条运河不仅可以作为舰队的航道，还有利于战争期间薛西斯与波斯各地之间的交流和沟通。

这里住着很多希腊人。起初，波斯人还担心希腊人可能会干涉这项工程的建设，但事实上他们对此并不介意。阿索斯山的岬角非常宽，长约三十英里，宽四五英里，分布着数个小镇。薛西斯在地峡的狭长地带开凿的运河需能容得下两艘三层桨战船通过。三层桨战船是由三层桨驱动的船，是当时体积最大的一种船。因为桨入水的宽度与船入水的宽度不相上下，所以运河要非常宽。

于是，工程师们开始规划，打桩，划线，指导工人们开展挖掘工作。参与挖掘工作的工人特别多，按照各自的国别，他们被分配到不同的建筑队组。随着挖掘工作逐渐推进，壕沟越挖越深，工人们在壕沟两旁搭建了梯子，壕沟上方也有工人们。一名工人把从壕沟底部挖出来的土装到篮子或桶里，然后由另一名工人递给第三名工人，直到送到壕沟上方的工人手里，然后这些人再将土运到其他地方。

工人们一直想的是垂直挖掘，但在这条挖掘路线上，很多地方出现了塌陷，致使挖掘工作受到极大的干扰。不过，分配给腓尼基人的那一段挖掘工作就没出问题，因为腓尼基人比其他人考虑得更周到。他们把壕沟顶部的宽度弄成底部宽度的两倍，这样一来，两边形成缓坡，土层变得稳固。最终，运河的挖掘工作顺利完成，并将水引了进来。

读者们在地图上能看到，在阿索斯山的岬角北部，也就是马其顿与色雷斯的交界处，斯特里蒙河自北向南流入爱琴海。薛西斯的军队穿过赫勒斯滂之后必定要经过斯特里蒙河；既然已经在地峡上开凿了一条运河来消除舰队行进的障碍，现在薛西斯决定在斯特里蒙河建一座桥来方便行军。

薛西斯还命人在行军路线上建造粮仓和货舱，以备不时之需，其中一些设在马其顿王国和色雷斯海岸，其他设在斯特里蒙河的岸边。用于远征的粮食是由运输船从遥远的地方运来的，存好之后由一名看守管理。就这点而言，似乎不需要运用特别的手段来保卫粮仓，因为尽管所有战前准备工作都是在爱琴海的欧洲一侧，也就是希腊人居住的地方进行的，但实际上这里已经处于波斯人的统治之下。希腊人的独立城邦在更南一点的地方，那里的居民似乎也没有阻挠他们开展这些工作的意愿，也许他们不知道波斯人在他们北部边界行动的最终目标和意图何在。

进行上述战前准备工作时，薛西斯仍在波斯。等到前线的各项准备工作接近尾声时，他决定亲自率军前往萨迪斯。萨迪斯是波斯西部最大的城市，离边境很近。薛西斯集合大军，在各式的游行和典礼结束后，向小亚细亚进发。横穿小亚细亚后，大军又穿过了哈里斯河。哈里斯河曾是波斯帝国的西部边境，而如今的西部边境已经远远越过了这里。过了哈里斯河后，大军继续向弗里吉亚前进。

据说，薛西斯与居住在弗里吉亚的一个叫皮西耶斯的贵族之间有一场浪漫的会面。情况是这样的：薛西斯率军穿越哈里斯河（它向北流入黑海）后，继续向西行进，几乎横穿了整个弗里吉亚，最终来到了许多河流的发源处，它们都向西流入爱琴海。其中有一条河非常有名，叫米安德河。米安德河的发源处有一个小镇，小镇所处的位置非常好。实际上，米安德河的源头在小镇的广场上。这里已经被墙围了起来，经过装饰，看起来像现代城市中的人造喷泉。这个小镇叫迪纳尔。

当薛西斯率军驻扎在迪纳尔时，皮西耶斯非常热情地款待了众将士。因为将士非常多，所以皮西耶斯花费巨大。但皮西耶斯的热情与周到不仅限于此，他还派人告诉薛西斯，行军途中无论缺什么，他都非常乐意贡献。

这位贵族竟如此富有、慷慨，令薛西斯非常惊讶，他不禁询问随从这位贵族是什么人。随从回复说，在这个世界上，皮西耶斯的财富仅次于国王。他们还说，皮西耶斯不仅富有，而且特别慷慨，他曾送给大流士一份礼物，那是用纯金打造的葡萄树。他们还说，他是吕底亚人。

吕底亚位于弗里吉亚以西，非常富有。流经吕底亚的帕克托勒斯河闻名遐迩，因为这里盛产金沙。这个国家的国王及贵族们不仅垄断了金沙，而且垄断了帕克托勒斯河发源的山脉中的金矿，所以他们非常富有。

听到随从这般描述皮西耶斯的财富，薛西斯啧啧称奇，随即派人去见皮西耶斯，问他确切的财富数量。但这个问题本身就非常不妥，因为在一个像波斯帝国这样的专制主义国家，守财的唯一可靠手段就是藏财。如果专制政府询问某个富人拥有多少财富，这多半是没收、查抄其财富的前奏。

然而，面对国王的问题，皮西耶斯回复说，他会毫不犹豫地将自己的财富数量和盘托出。他说，他曾仔细计算过，以便确定自己能在多大程度上帮助国王完成远征行动。他说自己有价值两千塔兰同的银子和价值四百万塔兰同的七千枚金币。

金币是波斯的一种钱币。即使我们今天知道这种钱币的确切价值，也无法准确计算出皮西耶斯究竟贡献出了多少财富。那些对此感兴趣的学者最后得出结论，认为皮西耶斯报给薛西斯的金币和银币的数目总价值相当于三千万美元。

皮西耶斯还说，他可以自由支配所有金银，而这些金银现在都可以用来支持薛西斯的远征。此外，他还说，除了金钱，他还有奴隶和庄园。

薛西斯对皮西耶斯的慷慨非常满意，同时看出他非常支持自己的事业。薛西斯说："自从我出征以来，你是唯一一位款待我的贵族，除了热情与慷慨，你还许诺让我任意使用你的财富。但我永远都不会剥夺你的财产；相反，我会从国库再拨给你七千枚金币。此外，我还愿意和你交朋友，并尽我的一切力量来帮助你。现在，你就好好享受荣华富贵吧！如果你能继续保持这种高贵和慷慨，那你将永远幸福快乐。"

如果我们对皮西耶斯和薛西斯的描述停在此处，那我们会认为他们是多么慷慨、高贵的人。然而，仔细审视时，我们会惊讶地发现，有钱有权之人及国王的慷慨和尊贵，在很大程度上会转变为自私和伪善。皮西耶斯是有史以来最残暴的人之一。生活在他那片土地上的平民处于悲惨的境地，皮西耶斯强迫他们不分昼夜地在矿井中做苦役，使他们生活在贫穷之中，以此来增加自己的财富。人们纷纷跑到皮西耶斯的妻子面前哭诉。他妻子非常同情苦役，但无计可施。据说，有一天，为了让丈夫明白仅仅拥有金银是多么无用和愚蠢，也为了让丈夫相信这些财富并不足以弥补心灵的空虚，她在一个地方盛情招待丈夫，那里有数不清的精致器皿及金银，唯独没有任何吃的东西。这位尊贵的客人就坐在这堆绝无仅有的"荣华富贵"中，饿着肚子，因为金银无法充饥饱腹。

前面所述的事情发生后不久,就发生了一件引人注目的事,从这件事就能看出薛西斯对皮西耶斯所谓的感激和友谊如何。皮西耶斯有五个儿子,他们都在薛西斯的军中服役。薛西斯将带着他们兄弟五人离家,踏上漫长又危险的征程,而他们的父亲成了家里唯一的男性。在这种情况下,皮西耶斯决定冒险试一下之前国王的承诺是否真实有效,他请求国王能否只带走他四个儿子,给他这个父亲身边留一个儿子。

听到皮西耶斯这番话,薛西斯非常生气,说:"你好大的胆子,竟然敢跟我提出这样的要求。你和你的一切都是我的奴隶,是奴隶就要毫无怨言地、绝对地服从我的命令。你提出这番无礼的请求,就该被处以极刑。不过,念在你之前的表现不错,我就免你一死。但我要杀了你最爱的那个儿子,然后赦免你其他四个儿子。"说完,愤怒的国王命人当着皮西耶斯的面杀死了他想留下来的那个儿子。

离开弗里吉亚后,众将士继续西进。正如上文提到的那样，他们的目的地是萨迪斯。在这里，他们将待到来年春天。史学家们记录了沿途吸引薛西斯及其将士注意力的东西，这些东西显示了这个国家的地理特色，也在一定程度上显示了当时人们的思想和思维方式。

比如，有一个小镇与迪纳尔不同，迪纳尔位于河流发源的地方，但这个小镇位于河流消失的地方。这条河是米安德河的支流。就像山溪一样，它从山上流下，然后在小镇所在的位置突然流入地面的裂缝，消失不见了。之后，它在很远的地方又冒了出来，继续向前流去，并且不再有消失不见的情况，最后流入米安德河。

薛西斯率军来到了弗里吉亚和吕底亚的交界处。在这里，道路分岔，一条路向北通到吕底亚，另一条路向南通到卡里亚。这里还立着一个界碑，它是居鲁士在位时，吕底亚国王克罗伊斯立的，用来标示吕底亚的东部边境。波斯人对这个古老的界碑非常感兴趣，因为它还标示了波斯帝国的西部边界。

弗里吉亚和吕底亚生长着一种特别的树，被称为"梧桐树"。薛西斯发现其中一棵梧桐树特别高大，他非常喜欢。于是，他以自己的名字给它命名，用金链子对它进行了一番修饰，并派一名士兵守护这棵树。对树的盲目崇拜是古代君主任性和愚蠢的典型表现，但他们经常这样做。

大军继续前进，沿途经过了一些有趣的或令人好奇的地方。有这样一个地方，当地居民能够用谷物酿蜜；有这样一个湖，当地居民从湖水蒸发中获得盐，从矿中开采金银。这些东西引起了波斯人的兴趣和关注，但并没有妨碍或中断他们的行军步伐。在预定的时间内，大军安全到达萨迪斯。薛西斯将大本营设在这里，然后等待春天的来临。

在此期间，薛西斯派使者前往希腊，要求希腊人向波斯人投降。这是当时的一个惯例，每当一国军队准备进攻一个城镇、城堡或国家时，他们都会这样做。薛西斯的使者渡过爱琴海，然后以薛西斯的名义向希腊当权者提出要求。正如预料的那样，提议无果而终。使者从希腊回到萨迪斯，没有带回任何投降的条款或条件,只有希腊人对波斯人赤裸裸的敌意和蔑视。于是,双方再无回旋余地,都在为即将到来的战争做着各种准备。

第5章　*CHAPTER V*

穿过赫勒斯滂（公元前480年）

Crossing the Hellespont (*B.C. 480*)

尽管小亚细亚与纽约①处于同一纬度，但在小亚细亚几乎感受不到冬季的气息。雪降落在山顶上，平缓的溪流偶尔会结冰。当地人无法通过眼前的冬季想象降雪的样子，只能通过北方极寒地区荒诞又夸张的传说略知一二，仅此而已。

然而，冬季来临时，狂风暴雨仍会短暂光顾这里。因此，薛西斯只好继续等待，等恶劣天气过去，再进攻希腊。尽管如此，刺骨的北风还是给他的作战计划带来了灾难性影响。当时，他还在萨迪斯。一天，海上的狂风巨浪摧毁了他命人刚建好的桥梁。听到这个消息，身处大本营的薛西斯非常生气。他既痛心巨浪竟然摧毁了好不容易修建起来的桥梁，又生气建筑师们建造的桥梁如此脆弱。于是，他决定严惩大海和建筑工人。他命人用巨大的鞭子鞭笞大海，然后让人把重重的铁链掷到海里，借此表示自己对大海的蔑视及征服大海的决心。执行这一滑稽命令的士兵边掷铁链边按照薛西斯

---

① 作者写作本书时在美国纽约生活。——编者注

的命令喊道："可恶的怪物！你竟敢无故破坏国王的计划，这就是主人给你的惩罚。你要知道，即使你不愿意，国王也会跨越这片海。尽管你并非人类，但你太残暴了，海水也冷得刺骨，简直比人还要可恶，所以国王憎恨你、蔑视你。"

至于那些修建大桥的工人，由于他们建的大桥没有经受住狂风暴雨的考验，薛西斯命人砍了他们的头。

泄愤后，薛西斯重新召集了一批设计师和工人，要求他们重建一座桥。这时，他们已经知道自己的生命和桥的坚固程度息息相关，所以丝毫不敢偷工减料，而是想尽一切办法来保障桥的稳固。他们选用最结实的船，然后将其进行精密的排列，以抵御海浪的侵袭。每艘船都用结实的锚固定在特定的位置上，以抵御它们要承受的外力。这些船共分为两列，每一列都是从海岸的一边一直延伸到另一边，每列大概有三百艘船。在每一列船靠近亚洲的这一侧都会空出一两艘船的空间，来让小船和桨帆船通过。空出的这段距离并不妨碍桥梁的使用，因为在这个空间上方还有可以通行的道路。

这样一来，用作桥梁基座的船被紧紧地绑在了一起。接着，工人们制作了两条很长的铁索，铁索的两端分别固定在海峡两岸，中间部分由排列的船的甲板支撑。为了将铁索的两端固定在岸上，工人们将一根巨大的木桩钉入地面，然后把铁索弄成巨大的圆环套到木桩上。而位于水域中间的铁索则由船上的帆索固定，这样就可以保障所有船都能牢固相连了。

在这些铁索上面，工人们用树干制成用作桥面的平台，然后用树枝填塞树干间的缝隙，使之平整。接着，工人们还要在桥面铺上厚厚的一层土，这样就形成一个类似于公路、结实而稳固的路面。然后，人们在桥的两边竖起高高的密实的栅栏，军队行经此处时，那些战马和托运物资的牲畜就不会因看到下方的水面而受惊。

"新桥建好，万事俱备"的消息传到萨迪斯，薛西斯立即着手安排大军，准备出发。然而，就在这时，突然发生了一件让薛西斯大吃一惊的事情：空中出现了日食。古代的人们认为日食是一种非常奇特的超自然的预兆。因此，薛西斯迫切地想知道这一突如其来的黑暗到底是何预兆。于是，他命波斯祭司讨论研究，然后将最终的结果告知他。祭司们的意见是，太阳是希腊人的守护神，月亮是波斯人的守护神。现在，太阳突然收起了光芒，这毫无疑问预示着在接下来的战争中，神将不再庇护希腊人。薛西斯非常满意这样的回答，于是继续进行战前的准备工作。

从萨迪斯出发的队伍十分壮观。走在最前面的是长长的运送物资的队伍，队伍里有骡子、骆驼、马及其他负重的牲畜，它们由车夫和物资管理人员照顾。接下来是由许多民族组成的庞大的作战部队，尽管在行军途中各部队没有那么整齐划一，但都有指挥官负责。隔了很长一段距离后，又走来了一千匹装饰特别华丽的战马，它们后面跟着一千名持矛士兵。在行军途中，士兵们将矛的一端拖在地上，以此来表示对队伍后面的国王的尊敬和顺从。

走在这些队伍之后、国王车仗队之前的是人们抬着的宗教圣物和神职人员。人们望向这里时，充满畏惧和崇敬。其中，走在最前面的是十匹圣马，圣马由马夫牵着，每匹马的装饰都非常华丽。马夫们都穿着特定的长袍，看起来像履行神职的牧师。接着是太阳神的圣车。圣车非常高大，做工精美，车身饰以大量黄金，由八匹白马牵引，禁止任何人碰触。马缰绳从战车下面绕过，握在战车后面的御者手中。薛西斯国王乘坐的战车紧随其后，他的战车也由精心挑选出来的个头适中的骏马拉着。御者是一位波斯贵族，坐在薛西斯旁边。

紧跟在国王后面的是主力部队。走在前头的是两千人的御林军，他们的武器装备非常精良和奢华，这表明他们在军中的地位很高，以及作为国王护卫的重大责任。其中，一千名护卫是步兵，另一千名护卫是骑兵。走在这两千名护卫之后的是一万名步兵，这些步兵后面跟着一万名骑兵。严格地说，这些才是波斯的作战部队。骑兵后面大概隔了不到四分之一英里，是多得数不清的仆人、随从、雇佣兵及各种各样的随军人员，显得混乱而嘈杂。

这一庞大的行军队伍到达的第一站是阿拜多斯，因为新桥正好位于亚洲海岸的阿拜多斯和欧洲海岸的塞斯托斯中间。此前，为了到达阿拜多斯，队伍已北行经过密细亚。其间，先头部队一直领着大军在内陆行走，目的是避开海岸的凹型入口及许多向西入海的河流可能形成的障碍。就这样，大军穿过了伊达山，到达了斯卡曼德洛斯河边，并在这里安营扎寨。现在，他们已经进入特洛伊。

许多年前，希腊人包围并占领了特洛伊，他们的英勇无畏受到世人的称赞。因此，每一位英雄人物经过这里时都会停留，望着古代战争的遗迹，不仅可以鼓舞士气，重燃斗志，还能向长眠此处的英雄们致敬。薛西斯也是这样做的。后来，亚历山大大帝也是这样做的。薛西斯走遍了特洛伊的各个角落，登上了特洛伊国王普里阿摩斯的城堡的废墟，凭吊了古战场。最后，他在这里举行了盛大的献祭仪式，宰杀了一千头牛作为祭品，以此告慰亡灵，因为正是他们才使这片土地变得神圣。

在渡河的过程中，薛西斯估计非常激动、兴奋，因为此次远征即将迎来真正的战斗和危险。但那些追随他的可怜的、无助的士兵一点都不想渡河作战，他们的生存现状及生活前景全都十分悲惨。首先，参军并不是他们本人的意愿。在现代，至少就英国军队和美国军队而言，招募新兵时，会拿出一定数额的现金，从而诱使穷人入伍。这些现金虽然只能让他们享受到短暂的堕落的快感，但足以诱惑他们前来参军。这种招募新兵的方法是自愿性质的，所以不会阻拦那些有家眷、有朋友或有自己追求的人的生活。然而，在古代，薛西斯不是用这种方法招募新兵的。新兵之前都是奴隶，后来在残酷的征兵政策下，他们无一例外被强制性地带到军营，而他们在军营的生活同样悲惨。相较而言，现在的征兵比那时难得多，而且为了让新兵们更好地在现代战争中发挥作用，军队要花费更多的时间和精力来训练他们,并且要精心照顾他们。然而,在薛西斯生活的时代,很容易招募到新兵,不愿意花太多钱为军营中的士兵提供健康、舒适的生活条件。表面上,国王的御林军武器精良,装饰华丽,但一切属于国王,不属于御林军。从士兵们的舒适度来看,无论是食物、御寒衣物,还是居住和休息的场所,他们的生存条件都非常恶劣。他们对远征毫无兴趣,也不希望此次远征能够获胜,因为即使他们能够幸免于难,未来等待他们的也还是受人奴役的悲惨处境。事实上,他们活着返回的概率并不大。因为在这样一场大规模的军事行动中,结果无论是成功还是失败,阵亡是不可避免的。因此,薛西斯率领的这支庞大作战队伍其实是由不幸的奴隶组成的,他们在指挥官的驱使下被迫来到这里,心里充满绝望。

一天晚上,行走在伊达山阴暗、崎岖的峡谷和隘口中的可怜的波斯士兵遭遇了一场可怕的暴风雨。由于没有遮风挡雨的工具,士兵们陷入一片混乱,在惊恐不安中度过了一夜。最终,很多士兵被闪电击中身亡，还有很多士兵因寒冷和无处躲避而身心俱疲。暴风雨过后，当大军在斯卡曼德洛斯河附近的特洛伊平原上驻扎下来时，因为河水无法满足士兵及驮畜的饮用，数以千计的士兵和牲畜不得不望梅止渴。

这些困难削弱了波斯军队的士气。到达阿拜多斯时，整个军队已处于极度沮丧和绝望的状态。然而，薛西斯完全没有受这种低落士气的影响，面对萎靡不振的奴隶们，他习惯了大权独揽，作威作福，依然悠然自得地享受短暂的休息。在阿拜多斯，他开始设想如何穿过赫勒斯滂才能显示波斯军队强大的实力。

薛西斯要做的第一件事情，就是检阅自己的军队。显然，这样做不是为了满足排兵布阵的实际需要，而是为了满足他的虚荣心。于是，将士们在离赫勒斯滂海岸不远的高地上立起一张白色大理石的御座，薛西斯坐在上面，喜出望外。他既可以看到陆地上的骑兵部队、一排排帐篷及集合在一起的负重驮畜，还能看到停泊在海上的舰队，包括小艇和桨帆船。尽管远处的欧洲海岸看起来很热闹，但他命人在水上建造的桥梁又长又雄伟，不亚于远处的景象。只要他一声令下，他的军队就可以横渡海峡。

对心思敏感的人而言，其灵魂深处的情感如果被触动，他们往往会泪流满面。欣喜若狂的薛西斯怀着一种无以言表的庄严和崇高检阅部队，顿时被眼前这一幕触动了。起初他的脸上满是快乐和满足，然而，站在他旁边的叔叔阿塔巴努斯很快发现他的眼里噙着泪水。阿塔巴努斯问薛西斯为什么哭。薛西斯回复说，是因为他想到，一百年之后，眼前数不尽的人将没有谁会活在世上。

薛西斯此刻表现出来的仁慈及之后对臣民的严厉与无情，使历代历史学家对其评论不一。阿塔巴努斯当场回复薛西斯，他认为国王无须为这些终将逝去的人而伤感不安，因为他们中很多人活着的时候生活得很艰辛，所以他们宁愿死去也不愿活着。因此，在某种程度上来说，死亡本身已经不再是灾难，而是灾难的一种解脱和补救措施。

阿塔巴努斯回复薛西斯时,薛西斯正在检阅自己的军队。毫无疑问,对这些命运悲苦的士兵而言,阿塔巴努斯的话相当正确。

薛西斯承认叔叔的观点是对的,但这实在是一个令人感伤的话题,他便转移了话题。他问叔叔,远征计划首次提出时,他曾在苏萨提到过自己的忧虑和恐惧,此刻他是否还感到恐惧和忧虑。阿塔巴努斯回答说,他真诚地希望那个主张波斯攻打希腊的梦境的预言是真的,但他还是担心此次远征可能产生的后果。他继续说道:"我一直在认真考虑这件事,我认为您此次远征很快就会遇到两大危险。"

薛西斯想知道这两大危险分别是什么。

阿塔巴努斯说道:"这两大危险都源自此次军事行动的人数过于庞大。首先,您的舰队中有太多的多桡帆船、桨帆船和运输船。当您的军队抵达希腊海岸时,如果遇到暴风雨,那您要在哪里安置它们呢?那里没有足够大的港口来停靠这么多船。"

薛西斯接着问:"第二大危险是什么?"

"第二大危险是您没有足够的粮食来供养这么多士兵。他们需要的粮食是不可估量的。仓库里的粮食很快就会用尽，而远征途中没有任何一个地方能够为这么多士兵提供充足的粮食，所以我认为您的远征必然会因饥荒而终结。进军途中，您遇到的抵抗力量越少，战线就拉得越长，形势对您就越不利。我不知道该怎样避免这样的情况发生，所以我一直焦躁不安，无法安睡。"

听到阿塔巴努斯的话，薛西斯回复说："我承认你的话不无道理，但在建立伟业的过程中，我们不能只想到让我们害怕的事情。我宁愿让自己置身于险境之中，也不愿心中有梦而不去实现。况且考虑最周全、最谨慎的忠告并不一定就是最好的。胆小怯懦的人注定一事无成。纵观人类历史，比起那些考虑周全、万事小心，前方如果有危险就绝不前进一步的人，我发现那些有事业心、有魄力的人更容易获得成功。如果祖先也像您一样考虑问题，那么如今的波斯帝国就不会如此辉煌。依照祖先的风格行事，我相信我也能获得成功。我们会征服欧洲，然后平安地回到波斯。我确定我们不会遇到你担心的饥荒及其他任何灾难。"

听到薛西斯的这番话，又看到薛西斯的决心很坚定，阿塔巴努斯没有继续讨论这个话题，但他斗胆给侄子提了一个建议，这个建议关乎波斯军队中的爱奥尼亚人。爱奥尼亚人的祖先是希腊人，从前他们穿过爱琴海，分散聚居在小亚细亚西海岸的卡里亚、吕底亚和密细亚。阿塔巴努斯认为让这些人去攻打他们的同胞风险太大。无论最初入伍时他们多么忠诚，一旦他们发现自己进入祖先的土地，听到他们即将攻打的敌人和自己说着同样的语言，那么他们的忠诚就很有可能动摇，甚至会背叛波斯。

然而，薛西斯并不认同阿塔巴努斯的观点。他认为征用爱奥尼亚人非常安全。爱奥尼亚人忠诚坚毅，大流士远征西徐亚期间，曾命希斯提亚埃乌斯率领爱奥尼亚人保卫他在多瑙河上修建的桥梁。当时，爱奥尼亚人就向波斯证明了自己是值得信任的。薛西斯又说道："再说了，他们把财产、妻儿及珍视的一切都留在波斯控制的亚洲，既然人质在我们手中，那他们就不会做出任何对我们不利的事情。"

然后，薛西斯表示，既然阿塔巴努斯如此担心此次远征的结局，就不再强迫他继续随军出征了。他还是回苏萨吧，然后替自己管理波斯帝国，直至自己返回。

国王和叔叔在进行这番对话时，检阅军队的活动一直在进行中，环节之一就是由来自两个不同国家的海军在赫勒斯滂进行海战演习，目的是让国王开心。腓尼基舰队在这场演习中获胜。薛西斯对这场演习十分满意。实际上，当天壮观的场面让他非常振奋。

军队检阅仪式结束后，薛西斯很快就命阿塔巴努斯返回苏萨，代他管理波斯帝国。然后，薛西斯召集宫廷和军队里的贵族，举行了会议，向他们宣布过桥的时间已经到来。离开亚洲之际，他还做了一场告别演说。薛西斯激励大家要坚定地朝着伟大的事业迈进，一旦征服了希腊，那么波斯在世界上就不会有其他对手了。

会议结束后,全军上下开始为在第二天日出时过桥做准备。次日,天刚蒙蒙亮,在等待日出时,他们便在桥上燃起了各式各样的香料,并在桥上铺满了象征胜利和喜悦的桃金娘的枝干。当太阳即将升起时,薛西斯手里拿着一个盛满酒的金杯。当第一道耀眼的光芒出现在地平线上时,薛西斯就要求把酒倒出来。现在,这一时刻来临了,他把酒倒入大海,然后将金杯也扔了进去。与此同时,他还把一个价值连城、用黄金打造的高脚酒杯和一把波斯刀扔进了大海。记录这些事件的古代历史学家不确定这些祭物是用来表示对太阳的崇拜,还是对大海的献祭,以此来抚慰之前被惹怒的可怕的海怪。

有一种情况能表明祭物是用来献给太阳的,因为在准备它们时,薛西斯曾对着太阳祈求,这种祈求像是一种呼求或祷告。他恳求太阳保佑和庇护此次远征,让波斯军队免受任何灾难,直到波斯军队达到目标,将整个欧洲纳入波斯的统治范围。

然后，大军开拔。各部队的顺序与之前离开萨迪斯的顺序一样。最前面的是运送物资的队伍，接着是由许多民族的人们组成的作战部队，他们过桥就花了一整天的时间。薛西斯本人及大军中的圣物和神职人员是第二天过桥的，最前面的是骑兵部队，骑兵的头上都戴着花冠，紧随其后的是圣马及太阳神的圣车，然后是薛西斯本人。他坐在自己的战车里，锣鼓震天，旌旗飘扬。薛西斯的战车到了桥上，停靠在亚洲海岸这边的船舶开始排成壮观的长形队列，与国王同步穿越海峡，驶往欧洲海岸。

薛西斯过了赫勒斯滂

接下来的主力部队、驮畜和行李过桥用了五天多的时间。指挥官们不断催促士兵们尽可能快点儿。正如所有大规模的军事行动一样,当庞大的部队人马一起过桥时,现场非常嘈杂和混乱,士兵们非常恐慌。将领不断用手中的长鞭抽打着士兵和牲畜,士兵和牲畜苦苦挣扎,迈着艰难的步伐向前挪动,而倒毙的驮畜、残破的运输车和那些被累死的人的尸体到处都是。终于,部队到达欧洲。对即将面对的事情,士兵们都表现出了前所未有的担忧和害怕,他们根本无法想象鲁莽、草率的指挥官会让他们置身于多么可怕的险境之中。

第 6 章　　*CHAPTER VI*

在多利斯卡斯检阅军队（公元前 480 年）

The Review of the Troops at Doriscus (B.C. 480)

正如前一章讲的那样，薛西斯率军穿过赫勒斯滂，安全抵达欧洲。接下来，海上的舰队和陆上的部队必须分头行进一段时间。如果查看地图，读者会看到军队过桥后抵达的地点是古老的小镇阿拜多斯，它其实是处于狭长半岛的中间地带。在希腊语中，这个半岛叫"克森尼索"。如果想沿着爱琴海的北岸前行，陆地上的部队就必须先向东走十五英里到二十英里，这样才能绕过克森尼索半岛北部和西部环绕而成的海湾。而海上的舰队则可以直接向西行驶。两支队伍各自行进，然后在它们指定的地方——位于爱琴海北部海岸的某地——会合。

陆上的大部队不仅走得很慢，而且很辛苦，一直行至半岛的最狭窄区域，然后在海湾的北部转而向西沿着海岸前行。他们的行进路线距离海岸有一定的距离，不仅是为了避免海岸地形对行军造成的影响，也是为了行军途中能经过河流，以获得更纯净的淡水。尽管如此，内陆的水源还是不能满足行军的需求。士兵和牲畜数量太多了，而行军的燥热和疲乏又使人畜对水的需求更加迫切，结果他们多次喝干了河水。

进入欧洲之后，部队遇到的第一条重要的河是马里查河。马里查河最终注入爱琴海，在距离河口不远处有一个巨大的平原，即多利斯卡斯平原，这里土壤肥沃，人口密集，还有一座大流士征服这里时命人建造的堡垒。堡垒的位置十分重要，从上面可以俯瞰整个马里查河流域。在踏上欧洲这片土地时，薛西斯曾检阅了军队，清点了士兵人数，他认为多利斯卡斯平原最合自己的心意。他可以在这里建立自己的大本营，而他的军队也可以在这里休整。薛西斯此前已经命令海上舰队也来附近停靠。等到部队到达平原时，舰队已经出现在远处的海面上了。

接下来，军队暂停前进，开始准备阅兵事宜。首先要确定军队人数，但士兵数量太多，根本无法计算。于是，薛西斯决定先计算士兵们的占地面积，然后再确定人数。当时的人们用下列方式进行计算：首先，先数出一万人，让他们围成一个紧凑的圈；然后根据圈画线；接着砌了一圈大约四英尺[①]高的石墙，石墙两侧都有出口供士兵出入。石墙建好后，士兵就进入里面，直到里面站满人。里面能容纳一万人。这是第一批士兵的数量。之后，这批士兵就可以去休息，下一批士兵进去，按照这种方法，直到所有士兵都被清点一遍。在清点其他种类士兵的数量前，步兵共进入一百七十批，也就是说，步兵的数量达到一百七十万人。当然了，这只是陆上的步兵人数。

这种按照面积计算士兵数量的方法只适用于步兵，因为步兵可以全部召集在一起。然而，军中还有一些其他兵种，它们本身就比步兵更系统，所以只要根据常规的入册登记就可以统计相关士兵的数量。比如，骑兵有八千人。骑在骆驼上的阿拉伯士兵及战车上的埃及士兵共计两千人。除了陆上的作战部队，舰队上还有五十万人。尽管士兵的数量已经非常多了，但在行军途中这个数量

---

① 1英尺≈0.30米。——编者注

仍在不断上涨，因为薛西斯要求远征途中所经附属国和行省的兵力也必须加入。因此，当他最终进入希腊的心脏地带时，据希腊杰出的历史学家希罗多德的记载，这支军队有大约五百万人。在现代，即使是十万人，也是一支规模很大的队伍了。对比美国革命时期，英国下议院的一位演说家曾说："如果一万人不能镇压这场叛乱，那么五万人一定可以！"

希罗多德还说，除了五百万人的军事力量，军中还有各种女性、奴隶、厨师、面包师及随军流动的平民，这些人的数量很难精确地进行计算。

再说回检阅军队吧。军队人数确定后，接下来的事情就是把士兵们按照族别编成若干分队，然后由各族的指挥官指挥，接受国王的检阅。当时的历史学家全面统计了分队的数量，详细记载了各族士兵穿戴的盔甲。军队中有一部分人来自文明之邦，还有一部分人来自半开化的蛮族部落，因此，当他们在平原上列队时，会看到自己的服饰和武器与他人不同。有些人戴着铜制头盔，身穿铁片制成的盔甲；有些人穿着亚麻制成的束腰长袍，或由兽皮制成的衣服。一个民族的将士戴着头盔，另一个民族的将士戴着斜纹帽，还有一个民族的将士戴着冠状头饰。还有一些形似野蛮人的士兵，他们的帽子用马头部的皮制成，马皮还维持着原本的模样，两只耳朵向上立着，鬃毛向后垂着。他们手中没有拿着盾牌，而是拿着野鹤的皮，他们看起来就像长着角的怪物，却又竭力装成人，结果只能是半兽半鸟的模样。还有一些士兵戴着用牛头的皮制成的帽子，牛角还立在上面。有的士兵装扮成驯兽，有的士兵装扮成野兽，有的士兵穿着狮子皮，有的士兵穿着豹子皮，他们之所以这样做，是因为他们觉得自己穿的衣服对应的动物越残暴，他们自己的本领就越超群。

士兵们持有的武器的形状也各不相同。就矛而言，有些矛头是铁的，有些矛头是石头磨制的，有些矛头仅仅是把矛的一端放入火中烧成尖状而已；弓箭的材质和形状也各不相同；此外，还有刀剑、匕首、投石器、棍棒、飞镖、标枪及其他一些当时的人们能够设计出来的武器。就连现代美国土著居民使用的武器——套索也在其中。根据古代历史学家的描述，套索是把一段长长的皮带系到线圈上。作战期间，勇猛的将士们将线圈抛向敌人，然后把敌人或敌人的马套住，从而让其摔倒在地上。

士兵们的服装款式和颜色也是千差万别。有的人穿着手工织品，色彩丰富鲜亮；有的人穿得非常简单，上面有一些凶恶的图案；有的人穿着自以为很漂亮的各色兽皮，实际却非常丑。大军中还有一些基本不穿衣服的、未开化的人。他们以多节棍棒为武器。尽管不穿衣服，但他们会把裸体的一半涂成白色，另一半涂成明亮的红色。

在整个波斯大军中，最靠前的那部分士兵，从他们所站的位置及他们持有的武器的贵重和精致程度就能看出，他们是波斯帝国的"不死队"，一共一万人。他们获得这样的称号是因为这一队列的人数永远是一万，每当这个队列中有人倒下，就会有另一个人立即代替他的位置，在某种程度上，人们认为后面这个人的生命是倒下的那个人生命的延续。因此，这一万人就是波斯帝国的"不死队"，就像故事中长生不老的英格兰国王一样。这些士兵都是千挑万选出来的，享有很多特权和极高的荣誉。他们都有坐骑，他们的衣服和武器都镶有金饰。在行军途中，他们还有妻子和家人相伴，家人乘坐的马车就跟在队列后面。此外，他们后面还跟着一些骆驼，用来托运他们的口粮和行李。

当陆上的所有兵种都按照各自指挥官的命令在平原上列队时，舰队的指挥官也忙着将船舶集结到岸边。那些船舶呈长条状停泊在距离海岸不远的地方，船头朝向岸边。海岸与船舶之间的水域开阔，当舰队接受检阅时，薛西斯的船就可以从这片水域穿过。

一切准备就绪，薛西斯登上自己的战车。战车绕着平原缓缓行进，他检阅得很专注，饶有兴趣地看着这些士兵，心里非常满意。士兵们排成长长的队伍站在那里，手持各种各样的武器，身穿形形色色的服饰。检阅完陆上的兵种,国王又来到海边,登上提前准备好的皇家桨帆船,坐在甲板上的镀金华盖下。然后,桨手们开始划船,皇家桨帆船载着国王,行驶在舰队和海岸之间的水域中。这些船及船上的水手们都来自不同地区,他们所持的武器及所穿的衣物千差万别。陆上的士兵都来自亚洲内陆的附属国和行省,而这些船和水手都来自黑海、爱琴海及地中海的沿海地区。例如,埃及人提供了二百艘船,腓尼基人提供了三百艘船,塞浦路斯人提供了五十艘船,西里西亚人和爱奥尼亚人各提供了一百艘船,还有其他许多附属国和部落也提供了许多船。

当然了,这支庞大的舰队分为多个中队,每个中队都有指挥官。其中一个中队由一位叫阿尔泰米西娅的女王亲自指挥,她是卡里亚女王。卡里亚是小亚细亚西南部的一个小国,其都城是哈利卡纳苏斯。在历史上,人们称阿尔泰米西娅为"女王",实际上她应该是摄政,因为她是以儿子的名义执政——她儿子当时还是一个婴儿。在这次远征中，卡里亚共提供了五艘桨帆船。阿尔泰米西娅不仅心怀壮志，还非常热衷于冒险，所以才决定亲自参加这次行动。她不仅负责本国的船，还指挥邻近岛国的船。因此，她指挥的中队在舰队中占据重要的位置。在整个航行过程中，她证明了自己有能力胜任指挥官的职责。事实上，她是整个舰队中最出色、最能干的指挥官，她不仅能成功调遣和管理自己的中队，还在中队指挥官会议中发挥了重要作用。在会议上，人们会恭敬地听她发言，因为她的话很有分量。在萨拉米斯战役中，她发挥了重要作用，这会在后面的章节中提到。

薛西斯的舰队共有一千二百艘船舶，这充分说明了阿塔巴努斯的担忧不无道理，如果暴风雨突然来袭，这里的确找不到足够大的避风港来让这么多船舶停靠。这些船舶如果沿着海岸线一字排开，肯定能排好几英里长。

在宫廷官员和海军指挥官的陪同下，薛西斯坐着自己的船缓缓前行，检阅着各种类型的船舶。看到各国船员的衣服和装备不尽相同，薛西斯等人既好奇，又欣喜。薛西斯身边的官员中有一个叫狄马拉图斯的希腊人，他是逃到波斯的希腊流亡者，多年前，大流士曾非常宠信他。之后，他就一直在波斯宫廷任职。薛西斯登上王位并计划远征希腊，他决定陪薛西斯一同前往。

狄马拉图斯的经历非常奇特。他曾遭遇政治迫害，不得不逃离希腊。故事是这样的：

狄马拉图斯的母亲是斯巴达一个大户人家的女儿，但她孩提时期的样貌十分丑陋，特别不招人待见。她的父母居所附近有一座神殿，里面供奉着海伦。海伦活着时是一位公主，因美貌而闻名于世。负责照看她的奶妈建议每天带她去神殿请愿，请求神的帮助，使她在海伦的神殿中变漂亮。她的母亲虽然同意了这个建议，但仍然嘱咐奶妈在带她往返神殿的路上，不要让任何人看到自己女儿的脸。于是，奶妈每天都把她抱在怀里，带她前往神殿，请求神可怜这个不幸的孩子，让她变漂亮。

最终，神似乎听到了这些恳求。一天，当奶妈像往常一样祈祷完，从神殿出来时，一个看上去很神秘的妇人走上前来跟她搭话，问她怀里抱着什么。奶妈回答说自己抱着一个婴儿。妇人想看一眼，但奶妈不让她看孩子的脸，因为主人不允许。然而，妇人坚持要看一眼，最后奶妈只能妥协，就揭开了襁褓。妇人轻轻抚摸了一下孩子的脸，然后说，这个孩子现在应该是斯巴达最美的人了。

她的话应验了。这个小女孩的容貌很快就发生了变化，变得非常秀美，就像她之前的丑陋一样令人惊叹。等她到了一定年纪，一个叫阿盖托斯的希腊贵族娶了她。这个贵族是斯巴达国王的好朋友。

当时，斯巴达的国王是阿里斯托。他结过两次婚，他的第二任妻子还在世，但他一直没有孩子。见过阿盖托斯漂亮的妻子后，他希望娶她为妻。此后，他开始不停地寻找争夺人妻的办法。最后，他决定用下面这个办法。他建议和阿盖托斯互换礼物，王宫的所有东西任由阿盖托斯挑选，无论选中哪一样他都可以赠送。同样，国王阿里斯托也可以从贵族阿盖托斯的所有财产中任意挑选一些自己中意的东西。阿盖托斯不假思索地同意了这个提议。因为阿里斯托已经结过婚，所以阿盖托斯压根就没想到国王中意的竟然是自己的妻子。两人还用誓言明确了双方的义务。阿盖托斯虽然得到了许多名贵的珠宝、服饰及一件精致的镀金武器，却永远失去了自己漂亮的妻子。阿里斯托休了自己的第二任妻子，然后迎娶了这个美人，做他的第三任妻子。

七八个月后，狄马拉图斯出生了。这天，阿里斯托正在公共法庭里，一个奴隶告诉了他这个消息。阿里斯托当时非常吃惊，然后大声宣称这个孩子不是自己的。但之后他又收回了之前的话，承认狄马拉图斯就是自己的孩子。狄马拉图斯渐渐长大，就在这时，父亲驾崩，他登上了王位。然而，有些官员曾听到狄马拉图斯出生时他父亲的话，便把这个消息告诉其他人。因此，当阿里斯托驾崩，狄马拉图斯登上王位时，排在第二位的继承人不认可他的继承权，并趁机组建了反对他的阵营。于是，整个宫廷分为两大阵营，针对继承权的问题进行了漫长的斗争。最终，狄马拉图斯一方失败，另一方获胜。为了保命，狄马拉图斯不得不选择出逃。他逃到大流士统治的苏萨。正是由于他的建议，大流士才同意薛西斯拥有王位继承权，这一点我们在第一章结束时已经讲过。薛西斯即位后把他留在了宫廷，并授予他很多赏赐和荣誉。

狄马拉图斯决定随薛西斯远征希腊。此刻，波斯军官们怀着无比自豪、激动的心情，看着为了征服敌国而做的各项准备工作，而狄马拉图斯就是其中一员。置身其中，他可能对此也很感兴趣，但他的心情完全不同，因为黑暗与毁灭将会降临在他的故国。

检阅结束后，薛西斯派人将狄马拉图斯请到城堡。狄马拉图斯到来后，薛西斯问了几个问题："狄马拉图斯，你是希腊人，所以你应该很了解希腊人；今天，你也看到了波斯的舰队和军队，告诉我你怎么想。你觉得希腊人是会选择与我国军队开战，还是会毫不抵抗立即投降呢？"

听到这些问题，狄马拉图斯起先非常困惑，似乎不确定到底应该怎样回答。然后，他问国王："您是想让我大胆地实话实说，还是听我恭敬地讲一些您爱听的话？"

薛西斯回答说当然是希望他讲实话，自己最爱听的就是实话。

于是，狄马拉图斯说道："既然您想听实话，那我就直言不讳。希腊就像一个贫穷的孩子，那里的居民已经在艰难困苦中学到了智慧和纪律，如今他们的决心和勇气是不可战胜的，他们配得上这样的赞美。但我要着重说说我们斯巴达人。您想让他们臣服波斯，我觉得他们绝对不会投降，一定会誓死抵抗。他们绝对不会因军事力量的悬殊而改变决心。只有当斯巴达以外的所有希腊人都归顺波斯，而斯巴达连一千名士兵都无法召集起来时，才有可能向波斯屈服。"

薛西斯听完非常吃惊，认为狄马拉图斯的话不是真的，便说："我想提醒你一下，你能一个人对战十个人吗？你曾是斯巴达的王子，一个王子应该能抵两个普通人。如果一般的斯巴达人能以一敌十，那你应该就能以一敌二十了，显然，这太荒谬了。在人数悬殊的情况下，如果还有人去应战，只能说明那些假装敢于应战或愿意应战的人非常自大。'一对十'或'一对二十'完全体现不了波斯和斯巴达人数的悬殊。现在，即便斯巴达人把所有能召集的士兵都召集到一起，我也能派出比斯巴达士兵数量多一千倍的士兵来与之抗衡。"

国王继续说："此外，双方军队的特点也不尽相同。希腊士兵都是自由民，但我的士兵都是奴隶，所以他们绝对听从我的命令，不敢有丝毫怨言。我的士兵已经完全习惯了听命于人，他们在常年的鞭打中惶惶度日，所以即使是面对力量悬殊的敌人，或者身处明显的劣势，他们也会听命，投身战场。但自由民永远做不到这一点。我不相信希腊能召集到和波斯军队人数一样的士兵，进行一对一的对抗。因此，你刚才的观点没有依据。你只是因无知或根据一些毫无根据的假设才得出了上面的观点。"

狄马拉图斯回答说:"从一开始我就担心我说的实话会冒犯您。如果不是您要我知无不言,我一定不会对您说出我的真实想法。您千万不要误会,尽管我赞美了斯巴达勇士,但我并没有因双方军队力量的悬殊而觉得此次战争不公平。因为一直以来他们都是我最不能原谅的、最憎恨的敌人,是他们无情地将我赶出了故土,而您的父亲接纳我,保护我。您和您的父亲如此重用我,我一定会全力支持波斯的发展壮大。

"就像您刚才假定的那样,如果不是形势所迫,我当然不愿意以一敌二十,或以一敌十,甚至一对一决斗。尽管在私下决斗中,斯巴达人通常都比对手厉害,但这不是说一个斯巴达人能够一下子打败十个或二十个波斯人。但如果斯巴达人组织起来,那么无论军队的人数有多少,他们的优势都会显现出来了。

"至于您刚才提到的,他们是自由民,所以在危险来临时他们很有可能不愿意到前线作战。但您要知道,斯巴达人的自由不是绝对的,就像争斗中的奴隶也有按照自己的意志行事的自由一样，斯巴达人的自由最终还要受到法律的约束和限制。斯巴达士兵的确可以不受奴隶主的鞭打，但他们有必须遵守的原则和履行的义务。比起奴隶惧怕鞭子，斯巴达士兵更敬畏法律的权威。法律要求他们，无论敌人数量多寡，都不能当逃兵。法律还要求他们在战斗中要保持秩序，严守岗位，要么战，要么死。

"这才是真正的斯巴达士兵。如果您觉得我说的话是无稽之谈，那我以后就保持沉默。只是因为您让我说真话，我才说出自己的真实想法。无论怎样，我都衷心希望您的宏图大志能够实现。"

斯巴达的兵力非常薄弱，实在不值一提，而薛西斯的军队士兵不计其数，攻无不克。在薛西斯看来，狄马拉图斯担心波斯军队可能遭遇劲敌，实在是太荒唐了。所以听完这番话后，薛西斯甚至都没有生气，只是对狄马拉图斯笑了笑，就让他下去了。

薛西斯派了一支部队和一位总督守卫多利斯

卡斯城堡，然后大军继续沿着爱琴海北部海岸前行。众多随军人员密密麻麻地挤满了道路，他们将一切能吃的东西都用作粮食或喂食牲畜，甚至喝光了所有经过的小溪和河流的水。尽管在行军途中能不断补充食物和水，但整支军队想要穿过半岛，现有的粮食远远不够。于是，薛西斯下令把整个军队分成三支，一支沿着海岸行进，一支在距离海岸较远的内陆行进，一支从半岛中部穿过。这样一来，在行军途中，大军就可以对整个半岛的资源进行利用。此外，因为各部队在行军途中强制征用所有能拿动兵器的人，所以大军所到之处，均会遭受蹂躏，一贫如洗，荒凉不堪，哀鸿遍野，民不聊生。整个行军进程充斥着有史以来最严重的侵犯人类权利和福祉的暴行。

一路上，波斯大军因各种原因走走停停，有时是因为要举行某些宗教仪式，以此抚慰天地间的超自然力量。到达斯特里蒙河时，为了让将士们顺利过河，薛西斯之前命人在此建了一座大桥，所以将士们在这里献祭了五匹白马。在同一个地区，将士们还在一个叫"九岔路"的地方停了下来。薛西斯认为在内陆腹地住着一位波斯的神,所以决定献上人祭。献祭的方法就是活埋被献祭的人。于是,在薛西斯的命令下,选出了九名男性和九名女性,然后活埋了他们。

大军就这样缓缓前行,最终来到一个海岸,附近是阿索斯山旁边的地峡,一条运河在这里蜿蜒流过。距离这里最近的小镇是阿坎瑟斯。读者在地图上就能找到这个小镇及运河的位置。陆上部队到达时,海上舰队几乎同时到了。薛西斯视察了这条运河,十分满意。他大大称赞了工程师阿塔凯耶斯的工作,并赐予他至高荣誉。

然而,不幸的是,陆上部队和海上舰队到达几天后,舰队还没来得及渡过运河,工程师阿塔凯耶斯就去世了。薛西斯认为阿塔凯耶斯的离开太令人遗憾了,因为他原本还想着给阿塔凯耶斯更多机会,让其发挥才干。薛西斯命人为阿塔凯耶斯准备一场盛大的葬礼,遗体在庄严的仪式中入棺。此外,薛西斯还调用所有器械,为阿塔凯耶斯立了一块非常耀眼的墓碑。

在阿坎瑟斯，薛西斯要求居民们举办一场盛大的宴会来招待自己的将士们，而这场宴会彻底将居民们逼入绝境。这些将士吃光了所有食物，并且居民们为了在周围地区采购物品而变得一贫如洗。在宴会上，士兵们分批坐在空地上吃东西，而薛西斯和宫廷贵族坐在临时建造的亭子里，这里摆放着桌子及各种能够彰显身份的金银器皿。居民们数十年如一日地辛勤劳作，而此刻为了给这支庞大的军队准备食物和金银器皿，他们积攒的所有财产都被挥霍一空。宴会开始后，居民们都在这些残暴又贪得无厌的客人旁边侍候，繁重的差事让他们筋疲力尽。最终，当宴会结束，薛西斯和贵族们起身离开亭子后，守候在外面的居民们在混乱中冲了进来。他们推倒了亭子，抢走了亭子中的金桌子和银盘子，然后离开，除了一片狼藉，什么也没有留下。

在薛西斯的压榨下，居民们变得一无所有，无法继续生活。他们纷纷离开家园，四处流浪，希望在其他地方谋个活路,因为在他们自己的家园已经无法生存了。因此,当薛西斯命令舰队渡过运河、陆上大军继续出发时,他身后这片土地已经变得荒芜,人迹罕至。

薛西斯继续率军向爱琴海西北方的塞尔马行进,塞尔马是波斯军队进入希腊之前的最后一个驻军点。

第 7 章   *CHAPTER VII*

希腊人备战（公元前 480 年）

The Preparations of the Greeks for Defense (*B.C. 480*)

现在让我们把注意力从薛西斯及波斯军队那里移开，关注一下希腊人及他们为了应战而做的各种准备工作。

在希腊历史上，有两个城邦与薛西斯入侵事件密切相关，这两个城邦分别是雅典和斯巴达。雅典位于临近伯罗奔尼撒半岛的海岬上；斯巴达位于邻近伯罗奔尼撒半岛南部山谷的中部。两座城市是各自城邦的中心和据点，它们的城邦规模不大，但欣欣向荣，实力强大。它们彼此独立，每个城邦都有自己的行政制度、传统及法律。事实上，两个城邦各方面的特征都截然不同。

尽管两个城邦名义上都实行共和制，但实际上每个城邦都有自己的行政官，历史上通常称为"国王"。然而，这种国王只是军事领袖，并非统治整个城邦的君主。当时的人们实际上称其为"僭主"，我们现在使用的"暴君"一词就是从"僭主"演变而来的。不过，因为"僭主"不含任何辱骂意味，所以我们现在也不好用它来代替"暴君"这一称谓。因此，尽管用"国王"来称呼军事领袖不妥，但当时的历史学家都是这么用的。国王在当时指的是指挥官、领主和世袭将军，绝非严格意义上的君主。在下面的叙述中，我们也会沿用这样的称谓，称他们为国王。当年逃离斯巴达去大流士那里寻求庇护的希腊人狄马拉图斯就是一位国王，此刻他正陪着薛西斯走在前往希腊的路上。

斯巴达的权力体系中比较特殊的一点是，它历来都有两位国王，两人的关系就像是罗马每年选举产生的两位执政官一样。在一定程度上，实行这一体制的初衷是想将国家政权一分为二，从而降低独裁专制出现的可能。然而，按照古代的传说，这种体制源于下面的奇事：

在斯巴达历史早期，这里和其他国家一样只有一位国王或军事领袖。一次，国王驾崩，留下妻子阿尔吉亚及两个婴儿为继承人。这两个婴儿是双胞胎，国王驾崩时他们刚出生不久。当时，在某种程度上实行世袭制，但不是完全遵照世袭制。国王驾崩后，如果不是特殊原因，人们就会聚集在一起，共同推选先王的长子继承王位。因此，这位国王驾崩后，人们依例决定由国王的长子继承王位。

然而，在确定两个婴儿谁是长子时，问题出现了。他们仔细比照了一下，没人能将两个婴儿区分开来。他们的母亲也区分不出哪个是先出生的。其实，他们母亲的话有点不切实际，她当然能分清自己的孩子，只是不想说出来，因为她想让自己的两个孩子都继承王位。

面对这样的困境，斯巴达人去求问德尔斐的阿波罗神谕，想看看到底该怎么办。同往常一样，神谕给出了一个模棱两可的答案，完全解决不了当前的问题。它指示人们应该让二人都继承王位，但只让长子享有最高荣誉。求问神谕的人把答案带回斯巴达，这个答案不仅解决不了问题，还进一步增加了问题的难度，除非他们能分辨出谁是长子，否则他们怎样将最高荣誉加到长子身上呢？

在这个尴尬时刻，有人向行政官提议说，也许阿尔吉亚其实知道哪个婴儿是长子，如果观察她的举动，看她是否总先给其中一个婴儿洗漱和喂食，或在其他事情上总是优先对待其中一个婴儿，那么通过她这种不易让人察觉的母亲本能或偏爱,也许就能确定谁是长子。于是,人们开始实施这个计划。行政官想方设法在房间里安排了一个仆人,让仆人观察王后的一举一动,最终确定了哪个是长子,哪个是次子。从那时起,尽管两个婴儿都当上了国王,但人们还是认为,长子拥有优先权。

后来,两个婴儿到了可以执掌国家权力的年纪,两人的优势及长处相差无几。这时,次子开始有点不服长子。他们每人都有自己的朋友圈和拥护者,形成了自己的派系。接着,两派之间开始了漫长、激烈的斗争。最终,双方都退让了一步,国家权力一分为二,两位国王共同执政的权力体系逐渐建立了起来。多年来,两派的权力代代相传。当然了,派系之间的嫉妒和纷争不断,经常公开发生一些激烈的冲突。

斯巴达人是农耕民族,在伯罗奔尼撒半岛东南部的山谷里开垦土地。这里的雨水经埃夫罗塔斯河及其支流汇入大海。他们过着简单朴素的生活,排斥其他城邦所看中的附庸风雅和奢华无度,崇尚恬淡寡欲的生活方式。他们非常崇尚勇气、刚毅、无畏，敬重那些即使面对长时间的酷刑也一言不发、默默忍受的人。他们鄙视财富，就如同其他城邦会鄙视娇弱和纨绔的习气一样。他们的法律抑制商业的发展，从而防止一部分人变得富有。他们着装简单，房屋陈设简陋，吃的是又黑又硬的面包，钱币是铁质的。尽管如此，他们依然是这个世界上最令人闻风丧胆的士兵。

虽然他们的生活方式简单，但有着非常令他们自豪、崇高的精神。在斯巴达，所有农活及其他体力劳动都是由受压迫的奴隶完成的，而自由民则是指专门服役的人，与世上的其他贵族一样，其精神都是崇高的。在我们这个金钱至上的现代社会，人们即使没钱，也要装作很有钱，但斯巴达人以贫穷为傲。如果他们乐意，就可以变得非常富有，但他们鄙视财富。他们蔑视所有精美的服饰和雅致的生活方式。同时，他们还蔑视劳动。他们对自己平常穿的衣服、军装既上心又讲究，尽管与衣服、军装有关的一切既朴素又简单，但到了作战期间，他们会由奴隶伺候穿衣。

雅典人则完全不同。雅典的上层社会是由有教养、文雅的知识分子构成。雅典城更是以其建筑、神殿、城堡、雕像及其他各种公共建筑的壮观闻名于世，而正是这些，使雅典城成为欧洲的文化中心。雅典城人口众多，财力雄厚。它商业发达，还有一支强大的海上舰队。简单地说，斯巴达人对待自己比较苛刻，比较悲观，但不轻易服输，不修边幅；而雅典人则比较富有，有学识也有教养。这两个城邦实力相当，双方常年处在一种无休止的对抗中。希腊还有很多其他城邦，但雅典和斯巴达是当时希腊所有城邦中最强大的，并且都拒绝向波斯帝国投降。实际上，这两个城邦的反抗精神众所周知，斯巴达人和雅典人注定会抗击波斯人入侵。实际上，当薛西斯派人向希腊各城邦送招降书时，直接没有向这两个城邦投送。因为很多年前，大流士准备入侵希腊时，命人向雅典和斯巴达及其他城邦都发出了招降书，但雅典和斯巴达愤怒地拒绝了他的这一要求。此外，当时有一条不成文的规定，那就是当一个大国打算将一个小国纳入统治范围时，被招降的小国的政府或君主会割让一部分土地或水域给大国，作为归顺的象征。因此，当大流士向希腊各城邦派遣招降使者时，使者们按照惯例要求各城邦向波斯献出土地和水域的管辖权。正如前文所述，雅典人愤怒地拒绝了这一要求。而斯巴达人不满足于简单的拒绝，还扣留了波斯使者，并将一部分人扔到深井之中。当尸体逐渐沉入水中时，斯巴达人告诉剩下的使者，波斯国王如果想要斯巴达的土地和水域，那就亲自来取。

在收到薛西斯的招降书之前，希腊人就已经得知了薛西斯的入侵计划。第一个向斯巴达人送消息的人是狄马拉图斯。当时，他还在苏萨。他用下面这种方式向希腊传递了消息。当时的人们习惯用一种铁笔在光滑的蜡上刻字母。他们会在一个金属板或刻写板上涂一层薄薄的蜡，这样便有了可供刻写的底子，人们用铁笔刻写的字母就可以清晰地呈现出来。狄马拉图斯就是取了两块这样的刻写板，将板上的护蜡刮掉，在刻写板的表面简

波斯使者在斯巴达的下场

单刻写了波斯的入侵计划，之后重新在板上涂上蜡，这样一般人就看不出上面隐藏的文字了。他将这两块看似空白的刻写板送给了斯巴达国王利奥尼达斯。传递刻写板的信使也有其他东西做掩护，因为他们还要携带其他各种物件。他们在途中接受了波斯士兵的多次检查，但士兵们认为两块空白的刻写板并不要紧，最后刻写板被安全地送到了利奥尼达斯的桌上。

利奥尼达斯是一个直爽、粗鲁、没有心计的人。因此，他看到刻写板上面没有文字时，就把它们扔到了一边，既没有过多思考传递空白刻写板的意义，对其可能隐含的深意也不感兴趣。不过，他的妻子歌果王后对空白刻写板很感兴趣。她觉得事有蹊跷，便想搞清楚。她非常仔细地检查了刻写板，小心地刮掉了一点表层的蜡，然后就看到了字母。歌果王后非常兴奋，又小心地刮掉了整个刻写板的蜡层，看到了上面的完整信息，从而得知波斯大军即将攻打希腊的消息。

得知薛西斯到了萨迪斯后，希腊人派出三个人伪装成信使，让他们侦察一下驻扎在萨迪斯的波斯军队的情况，并尽可能打探到波斯国王的进攻计划和方案。尽管他们费尽心思地乔装打扮了一番，还是被波斯人发现了。波斯人抓住了他们，狠狠地折磨他们，直到他们承认自己是希腊的间谍。波斯人原本想处死他们，但薛西斯听到这个消息，下令不准处死他们。相反，他让人带着他们在营地走了一遭，让他们仔细看了看波斯大军的整体状况。然后，薛西斯将他们遣返，让他们把所见所闻带回希腊。薛西斯认为，如果希腊人知道波斯人的战争准备有多充分，就能预判结果——如果抵抗，一定会被波斯军队打败，这样一来，希腊投降的可能性会更大。

雅典的位置比斯巴达更靠北，如果波斯人进军希腊，那么雅典城必然是波斯攻打的首要城市。因此，当听说薛西斯率军前来攻打希腊时，雅典城里的居民非常恐慌不安。一些人惊恐万分，意欲投降；一些人非常愤怒，不停地要求抵抗。人们提出了许多不同的抵抗计划，并反复讨论了这些计划。最终，希腊人派使者去求问德尔斐神谕，想知道雅典的最终命运，以及雅典该采用何种方法来规避危险。使者在德尔斐得到了一个可怕的神谕，神谕以一种隐晦又神秘的语言说雅典这个不幸的城市即将遭遇一场十分可怕的灾难。听到这个神谕，使者非常害怕。这时，德尔斐神殿所在地的一个居民建议雅典人再求问一次神谕，求告者要非常谦卑，祈求神谕给他们一些启示，从而告知他们如何规避即将到来的危险，或者至少告诉他们怎样做才能让损失最小。雅典人听从了他的建议，再次求告神谕。不久，他们再次得到启示，尽管这次启示还是含糊神秘、晦涩难懂，但神谕隐约暗示，在某种程度上，雅典的安危与萨拉米斯及某个"木墙"有关。

使者回到雅典，将神谕告诉了众人。但人们依旧很困惑，不知道神谕到底是什么意思。因为雅典的城堡之前是用栅栏围起来的，所以有些人认为神谕中的"木墙"是指栅栏，神谕的意思是雅典人必须重建栅栏，然后当波斯人逼近时，人们应该退守到城堡中。

其他人认为"木墙"指船，神谕的意思应该是指示人们组织舰队去迎击敌人。神谕中还提到萨拉米斯，萨拉米斯是雅典城以西不远处的一个小岛。小岛位于雅典和科林斯地峡的中间。那些认为"木墙"指代海上舰队的人猜测，神谕中的萨拉米斯是指发生激烈海战的地点。这种观点后来得到人们的支持。

雅典舰队有大约两百艘桨帆船，是由一个叫地米斯托克利的人购买或建造的。地米斯托克利是一位颇有影响力的贵族官员。当时，矿山归国有，所以雅典国库充裕，有人建议政府应该将财富分给个人。地米斯托克利反对这个建议，强烈要求政府应该用这些钱建造和装备一支舰队。最终，雅典人采纳了他的建议。舰队已经建好，现在是时候让它发挥功用，迎战和击退波斯军队了，尽管薛西斯的舰队实力是它的十倍多。

接下来，希腊人要做的事情是尽快建立希腊联盟，起码将那些愿意结盟的城邦组织起来，这样就可以形成抗击入侵者的盟军。通常情况下，实力弱小的城邦容易陷入恐慌，它们要么已经表明要服从波斯人的统治，要么默默地犹豫着，不确定自己是向军事实力雄厚、正在向自己逼近的波斯帝国屈服，还是加入雅典人和斯巴达人的军事联盟进行殊死抵抗。此时，雅典人和斯巴达人已搁置了矛盾，双方开始举行会议，共同商讨如何建立更强大的军事联盟。

正如前一章所讲，当希腊联盟组建时，薛西斯正慢慢地从萨迪斯赶往赫勒斯滂，然后从赫勒斯滂前往多利斯卡斯。

在会议上，人们决定立刻向希腊各城邦及远方的一些国家派出使者，力邀它们加入希腊人的军事联盟。

使者们出使的第一个国家是阿尔戈斯。阿尔戈斯是伯罗奔尼撒半岛上位于雅典和斯巴达之间的王国。斯巴达和阿尔戈斯相邻，多年来双方交战不断。最近，在与斯巴达的战斗中，阿尔戈斯更是损失了六千名将士。显然，阿尔戈斯此刻不太可能签署盟约。

使者们向阿尔戈斯人传达了建立军事联盟的消息。阿尔戈斯人回复说，早在他们听说薛西斯远征希腊时，就料到希腊城邦一定会建立军事联盟。然后，他们求问了德尔斐神谕，想知道就建立军事联盟而言，阿尔戈斯该如何选择。但神谕并不赞成他们加入希腊军事联盟。阿尔戈斯人补充道，尽管如此，他们仍然愿意与斯巴达人结成为期三十年的攻守同盟，前提是伯罗奔尼撒半岛一半的军队由阿尔戈斯人指挥。他们声称阿尔戈斯人是优秀的民族，所以有权统率所有军队，但如果斯巴达人不同意，他们愿意让出一半军队的指挥权。

斯巴达人回复说他们不会同意这些条件，因为斯巴达人是最优秀的民族，只有斯巴达人有权指挥全军。况且，斯巴达历来有两位君主，而阿尔戈斯只有一位，所以阿尔戈斯分割兵权的要求就更难满足了。毕竟，在没有剥夺其中一位君主的统治权之前，斯巴达人无法交出一半军权。

这样一来，原先的军事联盟计划全面失败了。

阿尔戈斯人说自己宁愿屈服于薛西斯的统治，也不愿向斯巴达人提出的无理要求及其民族优越性的自负中妥协。

　　使者们又去了另一些国家，希望说服它们加入军事联盟。他们去了位于西西里岛的叙拉古。其国王是杰隆，叙拉古是岛上的霸主。在这里，使者们遇到了和在阿尔戈斯一样的难题。他们对杰隆说，如果波斯征服了希腊，那么其下一个目标就是西西里岛，所以叙拉古国王和臣民应该在敌军未临城下的时候出战。杰隆承认使者们的分析很到位，然后补充道，如果让他指挥联军，那么他愿意组建一支强大的军队，不仅包括陆地上的部队，还包括海军。然而，雅典的使者们拒绝了杰隆的提议，并且说他们来到这里是找军队而不是找领袖。他们还说，雅典人不仅是希腊最古老的民族，而且面对波斯的入侵首当其冲，因此，雅典人更有资格担任这场战争的领袖。

　　杰隆告诉使者们，既然他们只是想从西西里获得自己想要的一切，又不愿意做出任何让步，那么他们还是快点离开他的国家，然后回去告诉雅典人休想从西西里拿走任何东西。

然后，使者们到了科西拉岛。科西拉岛是亚得里亚海中靠近希腊西部海岸的一个大岛，也就是现在的科孚岛。使者们终于说服了科西拉人参加军事联盟。科西拉人承诺会立即组织军队前往爱琴海。他们很快就开始进行相关的准备工作，貌似非常诚恳地践行自己的诺言。但实际上，这一切都是他们装出来的。他们并没有想好到底是支持希腊还是波斯，所以不断找各种借口推脱，不让军队出发，直到最后军队已经没有出发的必要。

其实，雅典和斯巴达使者们最重要的谈判对象是色萨利。色萨利是希腊北部的一个王国，也是波斯军队绕过爱琴海西北部后必经的第一站。此外，它的地理位置和地形都有一些特殊之处，而这些必然会对即将爆发的战争产生至关重要的影响。

色萨利位于一个很长的山谷底部，群山环绕，雨水经佩纽斯河及其支流排出。佩纽斯河经过奥林匹斯山和奥萨山之间的狭长隘口，向东汇入爱琴海。古代人称这个隘口为"奥林匹克关",隘口的一部分形成了一个美丽的峡谷,被称为"坦佩峡谷"。只有一条路出入这个隘口,是从东部进入色萨利的唯一通道。

坦佩峡谷以南,山脉绵延不绝,直到海岸,所以无路可走。薛西斯进入希腊的天然路线是沿着海岸到达佩纽斯河口,然后溯流而上,穿过坦佩峡谷进入色萨利,沿着奥萨山、皮利翁山及海岸其他山脉的西侧进入伯罗奔尼撒半岛。如果他真的能顺利通过奥林匹克关和坦佩峡谷,那么他将顺利抵达色萨利的南部边界。这里有一条南北方向的狭窄道路,道路的终点靠近大海,被称为"温泉关"。

在继续向南行进的过程中,薛西斯及其率领的部队必须穿过色萨利,但这样一来就必须通过两个狭窄又危险的隘口——进入色萨利时需要通过奥林匹克关,而离开色萨利时还要经过温泉关。因此,对希腊人来说,他们需要想好在哪个隘口进行防御,以抵抗即将到来的波斯军队。

当然了，在很大程度上，这个问题取决于色萨利人的排兵布阵。色萨利的统治者清楚自己的处境，所以在战争早期，也就是在薛西斯还没有穿过赫勒斯滂时，还没有等到斯巴达和雅典的使者来到，色萨利一方就派遣信使去雅典协商作战计划。信使对雅典人说，色萨利政府随时都有可能收到薛西斯的招降书，因此，色萨利人必须立刻排兵布阵；他们不想臣服于波斯帝国，但只靠自己的力量又无法抵抗波斯大军。他们认为，希腊联军的防御计划可能包括色萨利，也可能将它排除在外。如果希腊联军的防御计划里包括了色萨利，那么色萨利人一定会在奥林匹克关，也就是在奥林匹斯山及奥萨山之间的峡谷里进行抵抗。这样一来，希腊联军现在就必须派出强有力的军队来支援，以占领这个海峡。相反，如果希腊联军的防御计划里不包括色萨利，那么希腊联军就不得不在温泉关进行防御；如果那样，色萨利有权在收到薛西斯的第一封招降书后就向波斯臣服。

经过一番讨论后，希腊联军最终决定将色萨利纳入自己的保护范围，然后在奥林匹克关抵抗波斯军队。他们立即派出了一支庞大的舰队，武装完毕后开始启航。与此同时，薛西斯正准备穿越赫勒斯滂。希腊舰队从雅典的港口出发，穿过埃维亚岛和大陆之间狭窄的埃夫里普海峡，最后在色萨利南部适宜的地点登陆。之后，希腊军队继续向北行进，一直到达佩纽斯河，然后在隘口最窄处驻扎下来，并尽量加固阵地，等待敌人来临。这支军队有一万人。

军队驻扎不久，就有一个来自马其顿王国的信使来到这里。马其顿王国在色萨利以北。在来信中，马其顿国王诚挚地劝说希腊军队不要在坦佩峡谷迎敌。他说，薛西斯将率领一支具有压倒性优势的军队前来进攻，希腊军队几乎不可能在坦佩峡谷击退波斯军队。他还劝说希腊军队最好退守温泉关，因为那里更狭窄、更崎岖不平，防守也更容易。

此外，信使还说薛西斯很有可能不经过坦佩峡谷而直接进入色萨利。色萨利和马其顿王国之间虽然多山，但并非不能通过，薛西斯很有可能走那条路。因此，对希腊军队来说，唯一保险的做法就是退守温泉关，然后在那里挖掘壕沟。现在时间已经所剩不多了，薛西斯正率军穿过赫勒斯滂，而希腊各城邦都处于恐慌或愤怒之中。

希腊人决定听从马其顿国王的建议。他们拆了在奥林匹克关搭建的营地，然后向南撤退，转而去驻扎温泉关，等待敌人到来。而色萨利人刚一收到薛西斯的招降书，就投降了。

我们在结束上一章的叙述时提到，薛西斯彼时正驻扎在塞尔马。他从营地南面放眼望去，看到了奥林波斯山和奥萨山。它们离他大概只有五十英里。薛西斯询问大臣们前面两座山的情况，然后得知佩纽斯河从两座山之间穿过，流入大海，里面的峡谷就是进入色萨利的主要通道。薛西斯原先是想率军走马其顿国王之前猜测的那条道路，但现在很中意眼前的峡谷。于是，薛西斯命令桨帆船做好准备，然后带了几个熟悉路况的向导，在一支舰队的护送下驶入佩纽斯河口，接着进入河道，溯流而上,直到进入峡谷。

在峡谷的一端,从这里的山脚望去,出现在薛西斯眼前的是一个巨大的山谷,谷地平坦,土壤肥沃,绿意盎然,群山环绕,处处好风光。在迷人的自然美景中,佩纽斯河及其无数支流蜿蜒流过,汇集了四面八方的雨水,然后冲出峡谷,流过薛西斯的脚下。薛西斯询问向导们是否还能找到其他可以让佩纽斯河汇入大海的地方。向导们回复说没有,因为峡谷的四周是群山。

薛西斯说道:"色萨利人十分聪明,一收到招降书就向我们投降了。如果他们没有投降,那我现在就在峡谷里建一个堤坝,阻断河流,然后把他们的国家变为湖泊,将他们统统淹死。"

第 8 章   *CHAPTER VIII*

薛西斯攻入希腊（公元前 480 年）

The Advance of Xerxes into Greece (*B.C. 480*)

塞尔马是波斯军队进入希腊前的最后一站。离开塞尔马后,陆上军队开始行进,与此同时,舰队也开始启航,这时正是夏初。军队缓缓行进,虽然途中遇到了一些困难,但整个过程并没有耽误多少。之后,他们穿过马其顿王国进入色萨利,又穿过色萨利到达福基斯的北部边境,然后接近温泉关。我们会在下一章讲述温泉关所发生的事情,现在先看一下舰队的航行情况。

为了清楚地了解波斯舰队的航行路线,读者需要先对舰队经过的海洋及海岸的地质构造有一个清楚的认识。从希腊的地图上看,波斯舰队从塞尔马出发后一直沿着海岸线往东南行进,最初大约一百英里内海水清澈,毫无阻隔,接着要经过数个小岛,这些小岛按一定的角度沿海岸线分布。在这里,我们重点讲斯基亚索斯岛。在这座小岛的对面,海岸线绕过多山的马格尼西亚岬角后突然向西延伸,延伸约三十英里后,又开始同先前一样向东南延伸。埃维亚岛就位于海岸线的这个弯曲的部位。埃维亚岛其实是大陆的延伸,只不过它北部和西部的谷地没入了海中，所以看上去像是与陆地分开的。海水流经这片沉没的谷地，从而形成了海峡。古代的人们将北部的海峡称为"阿提密西安海峡"，将西部最窄的海峡称为"尤里普斯海峡"。这些岛及海岸的风景秀美。在薛西斯时代，这里人口稠密，神殿林立，城堡密集。

绕过埃维亚岛的最南端继续向西，就来到了阿提卡岬角，雅典城便坐落在它的中部。绕过这个岬角继续向西就看到萨罗尼克湾了。萨罗尼克湾位于阿提卡和伯罗奔尼撒半岛中间，海湾中部是埃伊纳岛，海湾北部是萨拉米斯岛。波斯舰队就是从塞尔马出发沿着海岸线来到斯基亚索斯岛，然后绕过埃维亚岛的最南端，最终行驶到萨罗尼克湾北部的萨拉米斯岛。整个航程大约二百五十英里，波斯军队遭遇了很多险境，经历了各种各样的突发事件，现在我们就具体了解一下。

希腊各城邦处于十分愤怒或恐慌的状态。强大的波斯陆上大军正缓缓逼近，同样可怕的还有波斯舰队，其力量也不容小觑。波斯舰队已经向希腊驶来,随时都有可能发动突然袭击。因此,城里的居民十分不安,老弱病残对此无能为力,陷入绝望的境地;城中的妻子、母亲、仆人和孩子惊慌失措;城中的男人们或者很害怕,或者因碍于面子而掩饰着自己的害怕,不敢让人察觉。他们纷纷拿起武器聚在一起,或来回传递最新的敌情,或紧急安置妻儿撤离,不让他们目睹即将爆发的残酷战争。他们在山上安排了哨兵观察敌情,还商定了信号,然后在海岸边的每一个高地上堆放了木堆,充作烽火台。与此同时,由于这里即将成为战场,所以从这里通往其他地方的道路上挤满了想要逃跑的人,他们怀着沉重的心情,带上了自己最珍视、最想保留下来的东西。母亲们背着孩子,男人们守着金银,姐妹们帮忙照看着生病或身体虚弱的兄弟,每个人都在拼命前进,决心与逃亡路上的艰辛和恐惧斗争到底。

此时,薛西斯正坐在大军中间的战车上,一想到所有希腊人的恐慌和苦难将给他带来无尽的荣誉,他就非常欢喜。

薛西斯任命自己的兄弟担任舰队的指挥官,在他们的指挥下,波斯舰队离开塞尔马,开始沿着海岸线南下。他们打算先消灭希腊人的海上力量,然后在海岸的某个地方登陆。这样一来,他们就可以与陆上部队协同作战。但舰队的船舶数量太多,航速不一,很难保持同步。因此,舰队的指挥官们挑出了十艘行动最快的桨帆船,然后配备了最善战的士兵及最精良的装备,让他们先行一步前去侦察。尽管这些桨帆船的航行速度很快,但仍需谨慎行事。它们得尽量避免不必要的危险,但如果在航行途中碰到敌方派出的船,要尽量将其俘获。此外,它们还要时刻保持警惕,注意观察一切情况,然后把所有重要消息及时反馈给大部队。

十艘桨帆船一路驶来,并没有观察到任何异常情况,直到它们来到斯基亚索斯岛。在这里,船队看到了三艘希腊桨帆船,它们属于希腊的先遣部队,一直驻扎在这里侦察波斯军队的动向。

希腊桨帆船一看到波斯桨帆船就逃走了,波斯桨帆船的桨手们迅速划起桨,紧追其后。

波斯桨帆船很快就追上了第一艘希腊桨帆船，经过短暂的战斗，波斯人成功将其俘获。然后，这艘桨帆船上的所有将士和船员都成了俘虏。波斯人从这些俘虏中挑选了一个长相俊美、看起来像贵族的人，就像是在一个牧群里挑出一头公牛一样，然后在桨帆船上把他当作祭品献给了神。这是一种宗教仪式，目的是显示波斯人的胜利，并使此次胜利成为神圣之举。

再说说波斯人俘获的第二艘希腊桨帆船。面对波斯人的绝对优势，希腊人的所有抵抗都成了徒劳，很快就陷入绝望，最后投降了。然而，有一个希腊士兵似乎并不服气。他就像一头雄师一样奋战到最后，不停地攻击包围他的敌人，直到体无完肤，昏倒在淌血的甲板上，奄奄一息。打斗结束时，波斯人的敌意减退，转而开始同情他，佩服他的勇气。波斯人聚集在他周围，为他清洗并包扎伤口，又给他服了药，最终救活了他。几天后，当十艘桨帆船返回时，波斯人把这名希腊士兵带了回去，然后把他交给波斯舰队的指挥官，并说他是一位真英雄，配得上最高的荣誉和赞美，而希腊桨帆船上的其他人都成了波斯人的奴隶。

希腊的第三艘桨帆船则一直向北逃跑，船员们在色萨利海岸登陆，把桨帆船留给了追击的波斯人。逃跑的希腊人穿过色萨利返回大部队，将波斯人到来的消息传播到各处。与此同时，波斯舰队的消息通过斯基亚索斯人的烽火台传播开来。由此，按照希腊人之前商量好的计划，更南一点的城邦也收到了消息。警报也在埃维亚岛不断传播，哨兵们驻守岛上的各个高地，时刻观察着敌军的动向。

另一边，波斯桨帆船带着三艘希腊桨帆船一起航行，发现海面上没有了敌人的踪迹，便决定带着战利品和侦察到的情报返回。然而，波斯桨帆船当初出发时，指挥官曾命令他们要在此次航行的最远处竖一块石碑，就像之前先遣部队的做法一样，目的是留下证据，回去复命时，用以证明他们的确走了这么远。其实，这些桨帆船出发时，其中一艘已经装载了需要竖立的石碑。所以现在，装载石碑的桨帆船及其他两艘桨帆船离开斯基亚索斯岛,将石碑运到一个地形开阔、多岩石的小岛上。然后,这些波斯桨帆船再一起返回波斯舰队。整个侦察过程前后花费了十一天时间。

与此同时,波斯舰队正缓慢地沿马格尼西亚海岸线驶来。到此为止,整支舰队很幸运地安全航行着,不过,一个巨大的灾难即将降临。这是波斯舰队遭遇的第一场灾难,但这场灾难足以摧毁整个远征行动。这个灾难就是一场海上风暴。

到了夜晚,舰队在一个狭长、稍浅的海湾停泊。海湾的一端是一个多礁石的小岬角,另一端是一个大岬角,中间是长长的海滩。在寂静无风的夜晚,这里对舰队来说是一个非常好的庇护、休憩场所。但它实在不足以阻挡一场狂风,更别说是巨浪,而这些通常预示着不远处有暴风雨。夜晚,当舰队驶入海湾时,大海一片平静,天空非常晴朗。舰队指挥官觉得,舰队晚上可以停泊在这里,然后第二天一早继续航行。

不过,这个海湾本就不够长,加之波斯舰队的船太多了，无法一字排开停靠在岸边，只好分成八排停在海湾内。最里面的那排船离海岸很近；其他船都和海岸隔了一定距离，每艘船都由锚固定在某个位置上。舰队就这样排列着，安全地度过了一晚。但在黎明到来之际，突然出现暴风雨即将来临的迹象。天空开始变得阴沉可怕，汹涌的海浪从远处翻滚而来。阵阵强风刮来，风向朝西，仿佛要把所有船吹到岸上一样。船员们非常紧张、害怕，指挥官们则想方设法保护船的安全。有的船较小，指挥官就命人将船拖到海滩上，远离海浪的冲击；有的指挥官命人加固船的索具，或在已有的锚上增加新锚；有的指挥官把船的锚拉起来，试着将船划到岸上或远离海岸的地方，希望能找到更好的避风所。每个船员都迫切地想躲避即将到来的危险，整支舰队陷入了混乱和恐慌之中。

暴风雨很快来临了。波涛汹涌的海浪和猛烈的风暴使船桨根本无法划动，狂风怒吼着穿过船上的绳索和索具。桨帆船很快就开始漂离之前停泊的地方。有些船被风吹到海上，后又被海浪撞得支离破碎；有些船撞击到海湾两端凸出部位的岩石上，残破不堪；有些船在停泊处沉没了。很多船员掉入水中溺亡；侥幸逃上岸的船员则不断受到当地居民的袭击。在这种情况下，为了求得生存的机会，船员们把失事桨帆船的残骸拖到岸边，在岸边建成堡垒。他们还在这里挖壕沟，然后拿起那些经过海水不断冲刷的桨帆船残骸当作武器，准备以此自救。

这场暴风雨持续了三天三夜。除了一些运送物资的船及其他小船，共摧毁了三百艘桨帆船。此外，还有很多船员掉进海里溺亡。当地的居民抢夺了失事的船上的钱财及金银器皿等物品，几天里，这些东西在海浪的冲击下不断堆积到岸边。自此，这里的居民变得富有起来。据说，暴风雨之后，波斯人派出了舰队里的一个潜水员，帮助他们找回了大量价值连城的宝物。这个潜水员叫斯库里亚斯，因能在水下长时间潜水而闻名各地。人们说，之后发生的一件事情可以证明他的本领。当时他决定离开波斯舰队前往希腊舰队，为了实现这个计划，他从波斯桨帆船上跳入水中，直接游到了希腊舰队那里，潜了十英里。

三天后，风暴停了。波斯人修缮了所有可以修缮的船，将船上的物品收集起来，把死去船员的尸体从岸边粗陋的堡垒里抬来，然后舰队继续向南驶去。

与此同时，希腊舰队已经在位于埃维亚岛和大陆之间靠近埃维亚岛北部的狭长海峡里集合完毕。这是一支联合舰队，由最终同意加入军事联盟的各城邦舰队组成。就像通常会出现的情况一样，他们虽然组建了联盟和联合舰队，但并没有达成一致意见。雅典提供的桨帆船数量最多，所以认为雅典人应该担任指挥官；但一些城邦认为雅典是希腊最富强的城邦，理应贡献出更多的海军力量。事实上，他们非常羡慕和嫉妒雅典人。还有一些城邦只愿意接受斯巴达的领导，不愿意接受雅典的领导。如果雅典人当指挥官，其舰队就解散，然后驶回自己的城邦。

雅典人虽然对此很生气，但不得不妥协。他们不能让联合舰队分崩离析，因为组建联合舰队的主要目标就是保卫雅典。希腊的其他城邦也许可以向波斯投降，然后与之和平共处，但雅典绝对不能。对希腊的其他城邦，薛西斯只想将它们纳入自己的版图，但对雅典，薛西斯只想复仇。雅典人曾烧毁了波斯的萨迪斯城，所以誓死要烧毁雅典，一雪前耻。

为了守卫和保护雅典，雅典人决定放弃自己的指挥权，同时暗暗下定决心，战争一结束，就为自己受到的羞辱和伤害报仇。

于是，希腊联盟任命了一个斯巴达人担任舰队指挥官。他的名字叫欧利拜德斯。

接下来的事情是这样的，在埃维亚岛北部和大陆之间的海峡中，双方舰队都看到了彼此。十五艘波斯桨帆船毫无顾忌地西进了数英里，随后直接撞进了希腊舰队中。最后，这十五艘船上的人全部被抓，成了战俘，随后被带到希腊。波斯舰队的其他船舶则进入海峡，在海峡最东部停下来，以马格尼西亚岬角作掩护。

不过，希腊人看到波斯舰队的凶猛后，依然非常吃惊，舰队指挥官马上表示，希腊舰队与波斯舰队开战根本毫无意义，然后各城邦之间召开了一次会议。经过长时间的交涉，大家认为希腊舰队应该向南撤退。随着强大的波斯军队步步逼近，埃维亚岛的居民已经陷入极度恐慌和不安的状态中，而此次会议决定抛下岛上的居民撤退，这让居民们格外沮丧，因为这是要让他们自生自灭。

埃维亚岛立即筹集了大量钱财，然后埃维亚人带着这些钱来找地米斯托克利，地米斯托克利是雅典最有影响力的领袖之一。他们将钱交给地米斯托克利，请他想办法劝说舰队指挥官留在这里并与波斯人开战。地米斯托克利收下了钱，同意了埃维亚人的条件。地米斯托克利把其中一小部分钱给了舰队指挥官欧利拜德斯，其实这一小部分钱的数量也很可观，然后询问他是否能让舰队停留在目前这个地方。按照相同的方法，地米斯托克利分了同样数额的钱给了其他几位谨慎挑选出来的有影响力的人。所有这些事情都是秘密进行的。当然了,地米斯托克利把埃维亚人的钱最大的一部分留给了自己。这笔钱神奇般地改变了海军军官们的观点。希腊联盟重新召开会议,会议撤销了之前的决议,然后决定就在埃维亚岛与波斯人开战。

波斯人一直留意着希腊舰队,生怕希腊舰队撤出埃夫里普海峡,那样希腊舰队就很有可能逃走。为了防范这一点,波斯人计划秘密派出两百艘强大、迅速的桨帆船,让他们绕过埃维亚岛后从南部进入埃夫里普海峡,切断希腊舰队的撤退路线。波斯人认为,这样一来,波斯舰队就包围了希腊舰队,希腊舰队不可能逃走了。因此,波斯人一直将主力舰队停在海峡的北部出口处,目的是在与希腊舰队开战之前,为分舰队争取绕过埃维亚岛的时间。

波斯人秘密派出了两百艘桨帆船,没料到希腊人竟然得知了波斯人想拦截他们撤退的计划。希腊人能够得知这个计划,多亏了著名的潜水员斯库里亚斯,他从波斯舰队中逃跑了,然后在水下潜了十英里，到达希腊舰队中，并把波斯人的作战计划告诉了希腊人。

希腊联盟派出了一支小舰队，命其向南行驶进埃夫里普海峡，在这里迎战波斯分舰队。与此同时，希腊人决定立即攻打波斯舰队的主力。尽管希腊各城邦彼此之间存在各种分歧及无厘头的嫉妒，尽管联合舰队的军官们会受到计谋和贿赂的影响，但战斗来临时，希腊人还是显示出大无畏、不屈不挠的精神。在这次战斗中，希腊舰队能否守住其目前所在的位置，变得十分关键。埃夫里普海峡是从海路进入雅典的重要途径，而温泉关是从陆路进入雅典的重要通道。温泉关位于埃夫里普海峡西部，此刻，希腊舰队就停在距离埃夫里普海峡不远处。希腊陆上部队也已经死死守住了温泉关，而薛西斯正率领大军南下，企图在这里强行开辟一条通道。与此同时，进入埃夫里普海峡后的波斯舰队，也在不断试图通过海峡。温泉关和埃夫里普海峡分别由双方的陆军和海军驻守，而无论是陆军还是海军，只要没有死守，都会被对方视为临阵脱逃。

某天清晨,希腊人开始与波斯人交战。波斯人看到希腊人向埃夫里普海峡驶来非常吃惊,因为波斯人认为他们的做法非常不明智。然而,在黑夜来临之前,波斯人就不再觉得敌人不明智了。希腊舰队直接无所顾忌地冲入波斯舰队,很快被团团围住。接着,希腊舰队的船开始围成一个圈,船头朝外,船尾朝内,然后用这种方式同波斯舰队厮杀了一整个白天。夜间,一场暴风雨突然袭来,准确地说应该是接连不断的雷阵雨伴随着阵阵狂风。因为暴风雨太猛,以至双方都自愿撤离战场。波斯舰队回到埃夫里普海峡东部朝西停泊,而希腊舰队则回到埃夫里普海峡西部,面向温泉关停泊。双方都忙着修缮失事的船舶,照顾伤者,并调整船舶的方向,以尽可能减少暴风雨的破坏。这是可怕的一夜。特别是对波斯人而言,他们感到十分害怕。在风力的作用下,巨浪涌动,同时裹挟着失事船上的物品,船的残骸,以及那些在海水浸泡下变得肿胀、恐怖的死尸。这些东西都漂浮在海面上。船桨经历了磕磕碰碰，已经完全划不动了。在这个可怕的夜晚，波斯舰队的所有船员都感到惊慌，怒吼的狂风、不间断的雷鸣、船舶之间的碰撞以及海水击打海岸的声音让他们特别紧张。夜色的黑暗与神秘进一步加剧了他们的恐惧，每当闪电划过夜空，突然的亮光总能瞬间照亮整个海面，映出一幅恐怖的景象。桨帆船上的军官下达命令的高喊声、伤员因痛苦而翻滚的呻吟声、巡夜人和哨兵的吆喝声，这些声音与呼啸的风声和大海的咆哮声交织在一起，营造出一种难以名状的恐怖和混乱的场景。

在这片海域之外，风力更强大。暴风直接吹散了之前薛西斯派往埃维亚岛的船，并将它们全部摧毁。

实际上，暴风雨在夏季傍晚是常见的，对岛上的居民而言，没那么可怕。它们只在傍晚来临，驱散晚上的闷热，早晨就会离去。因此，早上来临时，太阳升了起来，照耀在经过一次战斗的希腊人和波斯人身上。空中无风，天空晴朗，大海还像往常一样湛蓝、清澈。在战斗中阵亡的将士遗体及船的残骸已经漂到远处，双方人员的勇气或者说凶猛都回来了。于是，战斗继续。这次，双方有输有赢。战斗持续了两天才结束。

在波斯舰队和希腊舰队作战期间，埃维亚岛上的居民十分害怕。他们站在高地上观察双方的交战情况，不确定究竟哪一方会胜利。但他们害怕，万一希腊舰队输了，那么波斯舰队上的所有士兵就会登上埃维亚岛，然后将这个岛洗劫一空。他们很快就预测了埃维亚岛可能面临的最坏状况。为了以防万一，他们开始把所有自己能搬动的物品及牲口转移到小岛南部，随时准备逃往陆地。希腊舰队的指挥官意识到，他们最终可能需要被迫撤退，便劝告埃维亚岛上的居民应该杀掉牲口，在平地上架起篝火，然后把肉烤熟吃掉。他们建议，反正这些牲口无法运过海峡，与其让它们落在波斯人手中，不如将它们宰杀了让将士们吃掉。此外，他们还说，如果埃维亚岛的居民听从了建议并这样做，那么舰队指挥官欧利拜德斯一定会尽全力把他们和他们的贵重物品都运到阿提卡。

在波斯人残暴的入侵中,数千个安居乐业的幸福家庭支离破碎!

与此同时,希腊舰队的顽强抵抗也激怒了波斯舰队。战斗的第四天,波斯舰队正准备采取一些更强有力的举措,突然看到一艘小船正朝舰队划来。船上是一个波斯人,他说,希腊舰队放弃了这片海域,已经向南去了。起初,波斯人并不相信这个消息。他们觉得这肯定是希腊人在设埋伏或耍花招。于是,他们小心翼翼地慢慢向西前进。当他们航行到一半时,在一个叫希斯提阿伊亚的地方停了下来。这个地方的海岸峭壁上有一块巨石,巨石上刻着对爱奥尼亚人说的话——那些不听阿塔巴努斯的建议,跟随薛西斯来到这里的人,请不要伤害自己的同胞,历史会铭记一切。岩石上的铭文又大又显眼,当舰队从这里经过时,船上所有爱奥尼亚船员都能看到。

波斯舰队在希斯提阿伊亚停下来,舰队指挥官有点不确定接下来该怎么办,但很快就不愁了,因为薛西斯派来了一个信使,信使乘着桨帆船,从温泉关驶来。他给波斯舰队带来一个消息,那就是薛西斯已经到了温泉关,并且在那里展开了一场大战,波斯军队打败了希腊军队,占领了温泉关。如果可以,舰队的任何一位军官都可以前来观看战场。这个消息和邀请使舰队上下异常兴奋和激动,每个人都显现出浓厚的兴趣。舰队中的所有运输船都停泊在指定位置,准备载着这些军官去参观战场。当到达温泉关时,他们发现这个消息是真的。薛西斯已经占领了温泉关,希腊舰队已经撤走了。

第 9 章　　*CHAPTER IX*

温泉关战役（公元前 480 年）

The Battle of Thermopylae (B.C. 480)

温泉关不是山中的一条深谷，而是山海之间的一条狭长通道。它向山的一侧遍布悬崖峭壁，十分险峻，几乎无人可以攀越；向海的一侧则遍布礁石。温泉关沿着海岸绵延数英里，其出入口最狭窄，中间相对宽敞。这里因岩石能涌出温泉水而得名，人们经常来沐浴。

在薛西斯即位前，温泉关的战略位置就十分重要，因为它处于希腊两个城邦的交界处，而这两个城邦常年交战。其中一个城邦是色萨利，另一个城邦是位于色萨利南部的福基斯。因为两个城邦的边界上，群山巍峨，军队很难攀越，如果发动进攻，就只能经过温泉关。

很久以前，为了防范色萨利人的进攻，福基斯人曾在温泉关向海的一侧筑起高墙，并修建了一道道坚固的闸门。为了进一步增加色萨利人通过温泉关的阻力，福基斯人在高墙下凿出一个缺口，然后把温泉水引入，这样一来，温泉关的路面就变得泥泞、湿滑。如今，高墙已经坍塌，但温泉关的路面仍然泥泞不堪。这里变得荒无人烟，杂草丛生。温泉关向海的一侧变得更加宽阔，人们站在这里能够看到远处的埃维亚岛，而向山的一侧还是神秘的、无法攀越的群山，山上森林覆盖，郁郁葱葱，山中分布着一些人迹罕至的深谷。与向海的一侧相比，向山的一侧显出一种非凡的、庄重的威严。

从色萨利撤军后，希腊军队退守温泉关，并在这里驻扎下来。希腊军队有三千到四千人。这些人都是来自伯罗奔尼撒半岛内外各个不同的城邦，基本上每个城邦都派出了一百人左右的军队。每支军队都有自己的指挥官，此外还有一位统率所有军队的将军。这位将军就是斯巴达人利奥尼达斯。他率领三百斯巴达勇士加入联军，这些勇士是他从斯巴达军队中精心挑选出来的可靠之人。

温泉关与科林斯地峡之间有一定的距离，而位于科林斯地峡的城邦可以把一部分士兵部署在地峡外，另一部分人部署在地峡内。各城邦往温泉关派出的一百人左右的兵力，并不是它们的全部兵力，只是紧急情况下可以立即调派的。各城邦还在想方设法招兵,只要招到,就立即给他们备好武器,让他们加入联军。

薛西斯及其大军的行进速度要比希腊人预想得更快。很快,最新消息传来了,一两百万人的波斯军队现在已兵临城下,而驻守温泉关的利奥尼达斯只有三四千人。

那些来自伯罗奔尼撒半岛的士兵都主张放弃温泉关,退守科林斯地峡。他们始终认为,科林斯地峡易守难攻,在这里开战更有利,并且更容易得到援军。而现在,他们手中的兵力太少了,实在不足以抵抗波斯的百万大军。然而,这一建议遭到了那些并非来自伯罗奔尼撒半岛的士兵的强烈反对,他们认为如果放弃温泉关,退至科林斯地峡,那么就会完全受敌军摆布。经过一番争论和商议之后,联军将领决定留在温泉关。于是,希腊士兵们谨慎、有序地设好伏击地点,藏进壕沟里,然后等待敌军来临。利奥尼达斯率领三百名斯巴达勇士埋伏在隘口处,这样就可以率先发动袭击。其余的几千人,除了一队埋伏在山坡上的士兵,其他士兵分别守在温泉关沿线的各个地方。这队士兵来自福基斯。福基斯是离战场最近的一个城邦，派出的士兵比其他任何一个城邦都要多，其中，埋伏在山坡上的士兵共一千人，山下还有两三千名士兵。

我们在前面已经提到过斯巴达人的严苛和野蛮，但人们丝毫不会想象得到斯巴达人表现自豪的方式。首先，如果说斯巴达人在哪一方面自豪，那么肯定是他们的头发。他们的头发留得非常长。实际上，在斯巴达，头发的长度是区分奴隶和自由民的重要标志，奴隶剪短发，自由民留长发。正如前文中提到的那样，所有农民和工人都是奴隶。斯巴达的自由民做事比较严格，生活方式简单。他们虽然在生活上朴素，但在精神上十分高贵。这些自由民组成了军事贵族阶层，比任何人都要傲慢。他们完全凌驾于其他劳动者之上。因为崇尚老虎般的野蛮凶残，所以他们比较偏爱野性的美。每当上战场时，他们都格外注重自己的容貌。对他们而言，战场就是展示的舞台。在这个舞台上，他们不仅能展现自己的力量、坚毅和勇气，还能展现出自己简单、原始的饰品,这些服饰和他们朴素的着装风格呼应。因此,在温泉关的咽喉地带建立好阵地后,他们纷纷装扮自己,以迎接即将到来的战斗。

与此同时,波斯大军正往这边行进。薛西斯虽然认为希腊的兵力威胁不到自己,但仍猜想着希腊军队很有可能在温泉关发起攻击。于是,当波斯军队靠近温泉关时,薛西斯便派出一名骑兵去侦察路况。骑兵进入温泉关没多远就看到了敌人。他躲在一块高地上查看情况,随时准备掉头后全速返回,生怕被敌人抓住。其实,骑兵刚躲到高地上时,斯巴达勇士就发现了他,但从这个人的样貌判断,他是个无关紧要的人,便继续整理自己的仪表。这名骑兵仔细观察了一番,然后发现温泉关沿途有壕沟,而斯巴达人驻守在温泉关里。遗憾的是,他并没有发现温泉关后方还有军队。他只看到斯巴达人有的在竞技和锻炼;有的在忙着整理自己的服饰——他们的服饰虽然样式简单朴素,却光彩亮丽;有的在梳理、修饰和盘卷他们的头发。在外人眼里,他们看上去就像在准备表演一场娱乐节目。

但实际上,他们是在为赴死做准备。他们深知自己很可能将以最恐怖、最残忍的方式死去,现在的装饰显然是在为这样的结局做着准备。

骑兵仔细观察了温泉关的情况,然后不慌不忙地回到军队,向薛西斯做了报告。薛西斯听了他的描述后非常吃惊,就派人去请狄马拉图斯,也就是上文提到的斯巴达流亡者。我们记得,在多利斯卡斯平原进行阅兵时,狄马拉图斯和薛西斯曾进行过一次漫长的谈话。狄马拉图斯到达后,薛西斯把骑兵的话转述给了他。薛西斯问道:"斯巴达人现在就驻扎在温泉关里,但他们看上去就像参加宴会一样快乐。这是什么意思呢?我认为你现在应该承认他们无法阻挡我们。"

狄马拉图斯摇了摇头说:"国王您不了解希腊人,恐怕我把自己了解的情况跟您汇报后,您会不开心。在我看来,您的骑兵汇报的情况表明,他确实看到了斯巴达人,但那些行为实际上表明,他们正在为死战做准备。竞技、修饰仪表的士兵正是希腊军队中最让人害怕的勇士。如果您的军队能战胜他们,那您就没有什么好怕的了。"

薛西斯认为狄马拉图斯的话简直是一派胡言。他深信温泉关中的这支部队只是一个小分队,不可能阻挡波斯大军。他们如果知道波斯大军来了,一定会退出温泉关,为波斯大军让路。因此,他率军行进至温泉关隘口,然后驻扎下来,一连等了好几天,等着希腊军队让路。希腊军队只静静地坚守着阵地,显然他们对波斯大军的逼近和危险的来临毫不在意。

最终,薛西斯认为行动的时间已到。因此,在等待的第五天早晨,他召集了一支人数足够多的先遣部队,命令其进入温泉关,活捉希腊士兵,然后带回来见他。先遣部队由米底人组成,是波斯大军中最厉害的部队。除了前面提到的"不死队",米底人比其他任何人的地位都高。薛西斯认为,他们执行这项任务应该毫不费力。

于是,先遣部队进入了温泉关。几个小时后,一个筋疲力尽、气喘吁吁的信使飞奔回来,请求支援。于是，援军出发了。傍晚时分，参战的幸存者终于回来了，每个人都疲惫不堪，几乎虚脱、昏厥。经过这么长时间的战斗，他们还是失败了。他们带回那些遍体鳞伤、鲜血淋漓的战友，其他人都战死了。

面对如此不堪的战果，薛西斯瞠目结舌，气急败坏。他觉得不能再浪费时间了，便命令"不死队"第二天早晨出战。第二天，他走在"不死队"的最前方，朝希腊军队的阵地前进。然后，他下令在高地上放一把椅子，他要坐在上面观战。与此同时，希腊军队已经严阵以待，随时等待敌军的到来。靠近战场的地方遍布前一天作战中死去的波斯士兵的尸体。有些尸体完全暴露在人们的视野中，特别恐怖，有些尸体遭到踩踏和碾压，一半已经埋入了泥土。

"不死队"发动猛攻，却没能改变战局。在这条狭窄的通道里，波斯军队兵力雄厚，但发挥不出任何优势。希腊各城邦士兵分别驻守在温泉关沿线各个地方，波斯军队多次猛攻，但每次都被击退，希腊军队就像一堵坚不可摧的城墙。实际上,希腊士兵的矛比波斯士兵的矛长,并且他们更强壮有力,作战技能更高超。因此,随着时间流逝,人们可以看到,在温泉关发生的这场激战中,波斯军队节节败退,而希腊军队依旧完整。希腊军队有时会后退到某处,但很快又会非常有序地冲回来;或者当波斯军队不断追击,以为自己即将胜利时,希腊军队会突然反攻,因为希腊军队发现追逐的狂热会使波斯军队陷入混乱。而这时,希腊士兵就表现得如同先前一样沉着、厉害,反击、消灭波斯人。其间,薛西斯一直在官员们的陪同下于高地观战,他看起来激动不已,怒不可遏,有三次直接从椅子上跳了起来,吼个不停。

然而,一切都是徒劳。当夜晚来临时,"不死队"不得不撤退,而希腊人依然守在战壕里。

双方僵持不下,对峙了一两天。直至一天早上,一个希腊人突然出现在薛西斯的营帐前,要求面见国王。他说自己有非常重要的事告诉国王。薛西斯让人把他带了进来。他说自己叫厄菲阿尔特,他是来告诉国王，温泉关有一个人迹罕至的山谷，山谷中有一条非常隐蔽的小道，沿着小道能到达一个斜坡，这里比希腊军队战壕的位置还要低。厄菲阿尔特说，一旦到了那里，波斯军队就能轻而易举地包围希腊军队，打败希腊军队就变得易如反掌了。这条小道比较隐蔽，几乎没什么人知道，但他知道，只要国王能给他一笔赏金，他愿意为波斯军队带路。

听到这个消息，薛西斯既惊喜又兴奋。他立即采纳了厄菲阿尔特的建议，然后在晚上命令一支部队向小道进发。

温泉关北部有一条小河，从山上顺流而下，最终流入大海。这里就是厄菲阿尔特所说的那条小道的起点。顺着河床向南走，穿过荒芜人烟的深谷后，将会来到一个斜坡上，波斯军队从这里很容易进入温泉关。这里也是战斗开始时一千名福基斯士兵驻守的地方。当然，他们不是为了击退从身后来袭的敌人，因为他们压根不知道这条小道的存在。但在这里，他们可以俯瞰温泉关的战况，即使那里的希腊士兵战败了或阵亡了，他们也可以阻止波斯人穿过温泉关。

趁着夜色，波斯大军的一支小分队开始艰难地向那条陡峭险峻的小道出发。那些在白天都让人害怕的巉岩、裂缝和悬崖峭壁，在夜间变得更可怕了。第二天清晨来临时，他们终于来到了斜坡上，这里非常靠近福基斯人的驻地。在行进时，波斯士兵虽可以一直用参差不齐的灌木丛做掩护，但清晨时分，四周寂静无声，当波斯人出现在斜坡上时，福基斯士兵听到了他们踩踏树叶的声音，并很快发出了警报。这样的相遇使双方都很惊讶。波斯人没想到在这里能碰到敌人，而希腊人一直以为自己上方是人迹罕至、不可攀越的区域。

双方进行了短暂的战斗，很快福基斯人就被迫放弃了他们的驻地，向南逃跑。波斯人决定不去追击福基斯人，而是向温泉关继续前进。途中，他们占据了一个高地。在这里，他们能俯瞰下方，之后停下来，等待薛西斯的命令。

这时，温泉关中的希腊人立刻意识到，他们已经完全处于敌军的包围之中。的确，他们现在还能撤退，因为波斯小分队还没有冲下来截断他们的退路。但他们如果继续待在这里，那么在接下来的几个小时之内，就会被逼得无路可走。即使他们能够抵抗一段时间，面对两侧夹击和粮道中断的处境，最终也只能活活饿死。于是，他们召开紧急会议决定到底该怎么办。

这次紧急会议上到底发生了什么事情，至今仍存在疑问。按照流行的说法，利奥尼达斯建议，除了他及其麾下的三百名斯巴达勇士，其他所有城邦的部队都应该撤离。他说："在这种情况下，你们有权按照自己的法律来衡量，确定你们的最佳选择是从阵地撤离还是留下来坚守。但就斯巴达人而言，我们不用考虑。无论守卫哪片土地，我们都会一直坚持下去，直到死亡。我们奉命从斯巴达到这里守卫温泉关。我们没有接到任何撤退的命令，因此，我们必须守卫这里。如果波斯军队一定要穿过温泉关，那就从我们的尸首上踏过去吧。你们有权撤退，而坚守这里是我们的职责所在。因此，我们肯定会留下来。"

尽管利奥尼达斯决定牺牲三百名勇士的行为看起来非常荒谬和愚蠢，毕竟反击成功的可能性微乎其微，但就他解散其他城邦的部队来看，他身上还有着一种高尚和豁达。他自己决定留下来守卫阵地，体现出一种大无畏的决心和精神，这一点永远值得赞扬。如今，在全世界范围内，人们逐步认识到利奥尼达斯坚持的那份荣誉其实是一种极端行为。人们虽然不认可利奥尼达斯在当时的情况下做出的选择，但依然对他称赞有加，十分钦佩。

在遣散希腊军队时，利奥尼达斯将底比斯人留了下来，因为他怀疑底比斯人企图叛变。不知道利奥尼达斯是否意识到，将底比斯人留下来几乎等同于给他们判了死刑。他是有意要用这种方法来惩罚他们的背叛，还是只想让他们继续作战，履行职责，以确保忠诚。总之，利奥尼达斯让他们留了下来，然后遣散了盟军的其他部队。现在，温泉关中只剩斯巴达人和底比斯人了。据说，还有一些其他城邦的部队不愿意让斯巴达人独自应对危险，所以留了下来，底比斯人则是非常不情愿地留了下来。

第二天，薛西斯准备发起最后的攻势。凌晨时分，他当着全军将士的面举行了隆重的宗教仪式，然后像往常一样淡定地用完早膳，并在天亮后下达了进攻的号令。很快，波斯军队发现利奥尼达斯及其率领的士兵不在之前的战壕里，而是位置靠前了很多——他们前行到了温泉关更宽阔的一个地方。薛西斯仿佛已经预见到了希腊人的悲惨结局，所以上前应战。接着，这里爆发了一场十分惨烈的战斗。战斗开始时，放眼望去，只能看到双方互相厮杀的场面，直到最后利奥尼达斯倒下。这时，交战双方又变成为争夺利奥尼达斯的尸体而激战。本来波斯士兵已经抢到了利奥尼达斯的尸体，但希腊士兵四次从波斯军队手中将其抢回。最终，希腊士兵们带着利奥尼达斯的尸体撤退到战壕后方的一块小高地上，仅剩的几位勇士聚集在一起。就在这时，厄菲阿尔特率领的波斯军队出现在他们下方。这些希腊勇士早已筋疲力尽,伤口不停地流血,他们的弓箭和长矛都已经破损,他们的指挥官及几乎所有同伴都已经死去。然而,他们还是英勇作战,如猛虎一般,战斗到最后一刻。他们的武器破损后,他们便开始用牙齿和指甲战斗。最终,他们被波斯人打倒在地,头被摁到土里,即使在这种情况下,他们在绝望中也透露着不服气,疯狂地挣扎。

这次战斗结束后,历史上出现了很多关于这场战斗的传说。据说,有一个斯巴达人幸免于难。他和另外一个斯巴达人患了严重的眼疾,所以留在了山口附近的小镇上。他听说自己的战友们都留在温泉关,就自愿归队,与战友们同生共死。他要求仆人带他去温泉关,但到达后,仆人非常害怕,就逃跑了。他留在温泉关,与其他人一起战斗。另一个患眼疾的士兵幸免于难,但是,当他回到斯巴达后,他的同胞认为他没有和战友们同生共死、卑鄙地抛弃了自己的战友。在斯巴达人看来,这是永远无法消除的耻辱。

有一个故事讲述了另一个人，他去色萨利执行任务，直到战争结束才回到斯巴达。还有一个故事讲述了两个人被派回斯巴达，听说战斗即将开始，其中一个匆忙回到温泉关，然后与战友们死在了一起。另一个人到达温泉关比较晚，得以幸免。这些传说是真是假早已无法确定，但毫无疑问的是，这些只是特例，三百名勇士都在战斗中阵亡了。

而战斗刚开始，底比斯人就全部投降了。

战后，薛西斯亲自查看了战场。温泉关到处是尸体，多达数千具，而绝大部分尸体都是波斯人的。希腊人修建的壕沟已经坍塌，里面的缺口处堆满了尸体。温泉水也顺着缺口流入。于是，这里的沼泽变成深深的泥潭，泥潭中充斥着残缺不全的肢体和损坏的武器。最后，薛西斯来到利奥尼达斯的尸体旁，当人们告诉他这就是敌军将领的尸体时，他既满意又兴奋，高度称赞了利奥尼达斯，然后命人砍下他的头颅，并将无头的尸体钉到木桩上。

接着，薛西斯命人挖了一个大坑，下令仅将

一千具战死的波斯士兵的尸体留在温泉关,而将其他尸体埋到坑里。这样做是为了隐瞒波斯军队在战斗中付出的巨大代价。为了使现场看起来更逼真,坑填埋好后,他让人在坑口洒满落叶。这样一来,人们便很难发现这个坑,也就不知道真正的战况了。一切处理妥当后,他派人送信给波斯舰队,邀请舰队的指挥官们前来查看战场,这一点在上一章提到过。

上一章也描述了波斯舰队的军事行动,几乎在同时,附近的波斯陆军在温泉关吹响了战斗的号角。温泉关位于海岸边,正好和埃维亚岛以北的海湾相对,而就是在这个海湾里爆发了著名的海战。也就是说,当薛西斯正拼尽全力想要穿过温泉关时,他的舰队也在不远的地方与希腊舰队展开了激战。实际上,波斯陆军与海军只相距二三十英里的距离。

温泉关战役结束后,薛西斯派人去请狄马拉图斯,然后询问他除了阵亡的利奥尼达斯及其率领的三百勇士,希腊还有多少这样的勇士。狄马拉图斯回复说，无法准确回答希腊勇士的确切数目，但光是斯巴达就有八千勇士。接着，薛西斯又问，波斯应该怎样征服希腊。薛西斯和狄马拉图斯谈话时，波斯贵族和官员都在场，其中就有波斯舰队总指挥。前一章已经提到，他和其他各级海军指挥官一同到温泉关查看了战场。

狄马拉图斯表示，国王直接征服希腊会比较困难，因为希腊在那个海峡的兵力非常强大，不易征服。但他又补充道，在斯巴达对面不远的地方有一个叫基西拉的小岛。狄马拉图斯认为国王应该很容易攻下它，一旦波斯人占领了它，它就可以成为日后波斯吞并希腊的战略基地，因为随时可以从岛上派兵前往陆地。因此，他建议国王应该派出得力干将，率领三百艘船立即前去基西拉岛。

然而，波斯舰队总指挥强烈反对这个建议。他当然会反对，因为派遣三百艘船占领基西拉岛会极大地削弱他的兵权。他告诉国王，如果那样做，剩下的海军力量微乎其微，不足以抵挡敌人的进攻，因为上次的暴风雨已经让波斯舰队损失了四百艘船。他认为最可行的办法是海上舰队和陆军一同行进，一同完成这项任务。此外，他还建议国王警惕狄马拉图斯的建议。狄马拉图斯是希腊人，他认为狄马拉图斯的真正目标是破坏波斯远征的计划。

听完两人的不同意见，薛西斯决定听从波斯舰队总指挥的建议。他说："我会采纳你的建议，但我不想再听到任何关于怀疑和攻击狄马拉图斯的话，因为我相信他是一个真正值得信任的朋友。"说完，薛西斯让大家离开了。

第 10 章　*CHAPTER X*

火烧雅典（公元前 480 年）

The Burning of Athens (*B.C. 480*)

波斯舰队的海上指挥官在查看了温泉关的战场，听了参战人员讲述了他们与斯巴达人的可怕作战经历后，回到船上，准备继续向南航行追击希腊舰队。希腊舰队去了萨拉米斯岛。在预期时间内，波斯舰队就追上了希腊舰队，双方爆发了一场大海战，也就是历史上著名的"萨拉米斯战役"。萨拉米斯战役是古代最著名的海战之一。下一章会详细叙述这一战役的内容。在此之前，我们先来关注一下波斯军队在陆地上的军事行动。

现在，温泉关处于薛西斯的控制之下。这样一来，薛西斯完全可以率领波斯军队畅通无阻地到达伯罗奔尼撒半岛北部的任何区域。当然了，进入伯罗奔尼撒半岛之前，薛西斯必须经过科林斯地峡，而希腊守军很有可能已经在这里等待他的到来。但实际上，科林斯地峡北部并没有可供希腊军队布置防御工事的地方。这里四面八方都很畅通，也就是说，波斯军队可以沿着河岸，穿过各个山谷，从而通过地峡。波斯军队需要做的就是找到向导，然后前进。

色萨利人已经准备好做波斯人的向导了。在温泉关战役发生之前,他们就已经臣服薛西斯了。因此,他们自认为是波斯人的同盟。此外,他们之所以特别想给波斯军队带路,还因为他们痛恨地峡南部的一个城邦——福基斯,而波斯人穿过地峡后第一个毁灭的就是该城邦。正如前文中叙述的那样,福基斯和色萨利之间遍布绵延的山脉,唯一的通道就是温泉关。在波斯入侵之前的很多年,它们不断穿过温泉关攻打彼此。现在,色萨利人已经归降薛西斯,而福基斯人决定抵抗薛西斯的军队,支持希腊人的斗争。事实上,人们认为福基斯人之所以主张参战,在一定程度上是受到色萨利向波斯投降的影响,因为无论如何他们都不想和自己的世敌并肩作战。

色萨利人对福基斯人的敌意同样难以缓和。在色萨利人上一次对福基斯人发动的入侵中,福基斯人使用了一些诡计,最终使色萨利人战败,这让色萨利人怒不可遏。福基斯人成功地耍了两次诡计,每次诡计都与众不同。

第一个诡计是这样的。在福基斯有很多色萨利人，并且色萨利人的士兵非常多，所以福基斯人无法将他们赶走。一天，一队六百人的福基斯士兵将自己的脸、胳膊、手、衣服和所有武器都涂成白色。夜晚时分，万籁俱寂，月光如水，这支部队开始进攻敌人的营地。看到这些似人非人、似鬼非鬼的士兵，色萨利哨兵们惊恐万分，纷纷逃跑，其他士兵也从睡梦中惊醒，吓得尖叫起来，四处逃散，整个色萨利军队混乱不堪。夜袭通常最恐怖，因为受到袭击的一方无论多么强大，一旦在黑暗中遇袭，都会陷入混乱。这样一来，双方不太容易区分敌友，而喧嚣和昏暗又增加了危险，一不留神就会错杀。但在这次袭击中，福基斯人专门设计出奇怪的装扮，从而避免了错杀的风险。他们知道，只要对方没有自己这么白，就一定是色萨利人。最终，色萨利人变得异常狼狈，四下逃散。

福基斯人使用的第二个诡计与第一个不同，它针对的是色萨利骑兵。色萨利骑兵闻名遐迩。中部辽阔的平原为培养和训练骑兵提供了最佳场地。

平原周边群山环绕，坡地和山谷草木葱茏，是牧养战马的天然草场。因此，色萨利骑兵的实力非常强大。每当希腊的其他城邦为了抵抗外敌入侵而进行军事行动时，它们的统治者总想使用色萨利骑兵，否则就会觉得自己的军队是不完整的。

色萨利骑兵曾入侵福基斯，福基斯人认识到自己无法在公开的战斗中打败他们，所以就设计了一个陷阱。他们在地上挖了一条长长的壕沟，在壕沟里放满筐或桶，又在壕沟上方撒上一层薄薄的土，然后收拾平整，铺一层落叶，以掩盖挖掘的痕迹。陷阱布置完毕后，他们在战斗中故意步步后退，引诱色萨利人靠近陷阱。最终，色萨利人掉入陷阱中。那些用筐填充的沟壕只能勉强支撑福基斯步兵的重量，但承受不了骑在马上的色萨利人的重量。因此，战马纷纷跌倒，色萨利骑兵在突如其来的灾难面前乱作一团。就在这时，福基斯人卷土重来，不费吹灰之力就制服了色萨利骑兵。

这一切让色萨利人怒不可遏。他们迫切地想要复仇，所以早就准备好给薛西斯的军队带路，好让波斯队伍将福基斯拿下。

随着波斯军队的逼近,周边所有城邦都得到了消息,城中居民异常恐慌,到处弥漫着难以名状的痛楚和悲凉。波斯军队来到刻菲索斯山谷,山谷中有一条美丽的小河流过这片宜人富饶的地方。这个地方城市林立,村庄众多,人口密集。而这支庞大的入侵队伍犹如一阵龙卷风从这片宁静祥和、物产丰富的土地横扫而过,所经之处万物尽毁。他们掠夺了城镇中能搬走的所有东西,至于那些搬不走的,则一一损毁。在这个山谷中,波斯军队总共焚毁了十二座城市,对当地百姓的处理手段更是十分残暴。他们抓走了一部分人,强迫这些人跟在队列后面做奴隶。剩余的人要么被他们杀死,要么在他们的酷刑下生不如死。更有甚者,许多妇孺惨遭波斯士兵的蹂躏。

在前往雅典的途中,薛西斯的队伍经过福基斯时做得最有名的一件事就是攻打德尔斐城。德尔斐是一座圣城,是阿波罗神谕所在地。德尔斐在帕纳塞斯山和卡斯塔利亚泉附近,这两个地方在整个希腊神话中都非常有名。

帕纳塞斯山是一小段山脉的名称，而不是一座山峰的名称，尽管这段山脉的最高峰也叫帕纳塞斯。按照现如今的测算标准，这座山峰大概是八千英尺高，峰顶几乎全年被冰雪覆盖。在没有冰雪覆盖时，这就是一座光秃秃的石山，没有阳光照射的地方生长着一些苔藓和高山植被。游客们如果站在帕纳塞斯山的顶部向下看整个希腊，感觉就像是在看一幅希腊地图：科林斯湾是山脚下的一座银湖，色萨利平原则向北部不断延伸扩展，远处天蓝色的奥林波斯山、皮立翁山及奥萨山的山峰也映入眼帘。

实际上，帕纳塞斯山有两座山峰，山峰之间形成峡谷，随着峡谷不断向下延伸，形成了一个美丽的河谷。河谷里绿树成荫，山坡上青翠欲滴，鲜花怒放。在与整个河谷相连的一个溪谷中，有一个喷泉，泉水源源不断地从岩石间流出，流到月桂树丛里，形成一条小溪。溪水流过岩石，又在长满苔藓的两岸之间曲折地流了很长一段距离。出了峡谷后,流速降低,接着缓缓地流过一个富饶的地形起伏的城邦国家,最后流入大海。这个喷泉就是著名的卡斯塔利亚泉。古代希腊传奇故事中提到,这里是阿波罗和缪斯女神最爱的圣地和居所,因此,这里的泉水亦成为神灵感应的符号和象征。

德尔斐城就坐落在帕纳塞斯山脉低处的斜坡上,但那里还是比周边的国家的海拔更高。这座小城整体上像个圆形露天竞技场,就像立在山边的一只兔子一样。它的四周都是悬崖峭壁,所以非常难进入,再加上这里有防守的兵力,人们一度认为这个地方是无法在军事上进行攻破的。除了这些天然的地形防御,据说这里还受到阿波罗神的庇佑。

古时的德尔斐举世闻名,不仅因为这里是神谕所,还因为这里有气势恢宏的建筑,不计其数的艺术作品及长久以来积累的奇珍异宝。那些来此地求问神谕的权贵及君主要么带来丰厚的礼品,要么想方设法斥巨资做各种各样的服事工作:有的人修建庙宇;有的人建造门廊或石柱廊;有的人用装饰品修饰城里的街道；有的人立起雕像；还有的人捐赠了许多金银器皿，直到最后，德尔斐城的财富及华丽成为世界上首屈一指的存在。所有国家的人都想来这里，有的人是来见识这里的风采，有的人则是来请求神谕，以期帮助他们规避眼前的困境和危险。

薛西斯即位时，作为神灵感应之地的德尔斐城已经享受了数百年盛名。据说，这座小城是这样发展起来的。有一天，一些在山上牧养畜群的牧人看到很多羊在一些石块缝隙处出现了一种无法描述的怪状。于是，他们走上前去查看，发现石缝里会吹过一阵阵神秘的风，每个感受到的人都非常愉悦。在那个年代，人们总是把那些奇特的事物和超自然的神联系在一起。这一发现很快传遍各地，人们认为那让人和动物愉悦的风是神灵感应的效果。因此，人们在那里建了一座神殿，并为神殿安排了牧师和女祭司。接着，一座新城在这周围拔地而起，随着时间的推移，这里变成世界上最著名的神谕所。这里长年集聚的财富主要是供奉给神的礼物和祭品，人们认为这里的一切是受神庇佑的。的确，这座城的防御一部分来源于长时间以来人们为了保障小城的安全不断加固的防御工事；但还有一大部分原因，是源自人们内心的那种情感，人们认为任何冒犯神灵的行为都会受到惩罚。正如古代历史学家所描述的那样，波斯军队在此处被击退的方式很神奇。现在，我们就给读者讲述一下古代历史学家们记载的这个故事。

波斯的主力军继续向南行，直奔雅典，那里是薛西斯一直以来最想攻打的城市。然而，一支庞大的队伍则离开了主力部队，向西朝着德尔斐行进。他们想要抢掠德尔斐神殿和德尔斐城，然后把抢来的财宝献给国王。听到这个消息，德尔斐人非常惊慌，求问神谕如何处置这些神圣的宝藏。他们说自己无力对抗这样的军队，所以求问神谕是否应该把宝藏埋到地下或转移到远处的安全地带。

神谕回应德尔斐人说，他们无须担心神殿里的宝藏，神自会保护好属于自己的东西。他们要做的是保护好自己及妻儿。

听到这样的回应，德尔斐人就不再考虑神殿和圣地的宝藏了，纷纷把家人和自己的财物转移到南部的安全地带。只有军队及一小部分居民还留在城里。

当波斯军队靠近神殿时，神殿内出现了一种奇观，似乎在警告这些亵渎神明的波斯军队，远离此地。据说，神殿内出现了一套兵器，这套兵器非常昂贵，上面镶嵌着许多金子和宝石，也许这是某个希腊城邦或国家的国王献上的礼物。这套兵器原本悬挂在庙宇的圣殿里面，在波斯军队靠近德尔斐城的那天，那套兵器从圣殿里面移到了前面。最先看到这套兵器的祭司惊慌失措，立即把这个消息告诉给城里的士兵和留下来的百姓，士兵和百姓们情不自禁地振奋起来，勇气倍增。

神的介入最终没有让人们失望——就在波斯军队的士兵来到德尔斐神殿所在的山脚下时，天空突然爆发出一道惊雷，一道闪电劈到小城旁边的峭壁上，劈下两块巨大的石头，瞬间朝着下面的波斯军队砸去。德尔斐的将士们趁着这次天罚带来的恐慌和混乱,纷纷冲向敌军,波斯军队瞬间溃不成军。在这次战斗中,德尔斐人还得到两位古代英雄的帮助和指点,那两位英雄本就是当地人,德尔斐庙宇中有两座神殿就是因他们二人成圣的。这两人以全副武装的高大形象出现,战斗刚开始时,他们带领德尔斐士兵攻打波斯士兵,缔造了力量与勇气的传奇,战斗结束后,他们又和来时一样神秘地消失了。

  与此同时,波斯军队一直在薛西斯的带领下向雅典逼近。彼时的雅典城人心惶惶,混乱不堪。在温泉关战役开始之前,希腊舰队就决定放弃埃夫里普狭道,然后绕道萨拉米斯岛。从那时开始,雅典城的领袖就意识到他们阻挡不了波斯人的进攻,所以很早就通告雅典城的百姓,让他们尽可能地寻找庇护场所躲藏。可想而知,这样的告示肯定会给全城笼罩一层阴郁。而战事的准备工作也让许多地方看上去很恐怖,到处是一幅灾难即将来临的悲痛场景。那些不曾亲眼见过的人是想象不出那个画面的。

此前，雅典人最害怕的是波斯舰队。希腊舰队已经从阿提卡海域撤离，所以雅典海岸是完全开放的，波斯舰队随时有可能在雅典附近的海岸登陆。然而，海上的危险还未传到雅典城，城里的居民就收到一个更可怕的消息，那就是波斯陆军已经攻下了温泉关。也就是说，此时，雅典人不仅面临波斯舰队的海上威胁，而且面临波斯大军主力即将从陆路逼近的威胁。可想而知，这个新消息进一步加剧了人们的恐慌。所有从雅典通往西部和南部的路上都挤满了可怜的逃亡者。在充满疲惫、艰辛和几近绝望的逃亡中，他们受尽了苦难。雅典军队赶紧返回地峡，试图阻击敌军，守住伯罗奔尼撒半岛。逃亡的人们想方设法逃到了岸边，乘坐从对面开来的运输船，一些人前往埃维亚岛和萨拉米斯岛，还有一些人前往南部那些更安全的小岛。

然而，还是有些人留在了雅典城里。因为他们认为之前神谕提及的"木墙"指的不是舰队的船，而是围在雅典城堡四周的栅栏。于是，他们修复和加固了这些栅栏，然后与一支守军留在城堡里准备抗击敌军。

雅典城堡,也叫雅典卫城,是世界上最富有、最壮观、最宏伟的城堡之一。它坐落在一个椭圆形的石头山上,四周都是险峻的峭壁,人们只能从山顶进入。城堡的顶部是一个椭圆状的区域,大概有三千英尺长,五百英尺宽,面积大约有十英亩。卫城内外矗立着当时欧洲最壮观、最雄伟、耗资最大的建筑物。这里有神殿、柱廊、门楼、楼梯、塔楼及城墙,这一切都构成了气势恢宏的景观,让人忍不住赞美。如果细细看去,目光所及之处,建筑材料昂贵,技艺精湛完美,装饰丰富奢侈,让人惊叹不已。各个神殿里的铜像与大理石雕像种类多、数量大。其中,雅典娜雕像的作者是希腊最杰出的雕刻大师菲迪亚斯。在大流士在位期间与希腊进行的著名的马拉松战役之后,他完成了雕刻工作。[1]雕像的底座有六十英尺高,矗立在卫城入口的左边,比雅典城的所有建筑物都高。雅典娜手

---

[1] 此处原文有误。菲迪亚斯是在伯里克利时期主持卫城的重建工作,不是在大流士时期。——编者注

雅典卫城

握长矛，仿佛是卫城的哨兵。从这个位置望向入口的右边，著名的帕特农神殿就进入了视线。在某种程度上，它是世界上最著名的神殿。帕特农神殿的废墟留存至今，曾经美轮美奂，而今孤单地矗立在荒凉的地方。

薛西斯率军进入雅典城后，他发现可以轻而易举地攻破这座城市，因为这里的居民已经逃离，没有任何防御力量。但其实，城里仅存的居民已纷纷涌向卫城，然后设置了"木墙"，堆满了大石头，准备在敌人爬城墙时，投石击敌。

洗劫了雅典城后，薛西斯率军占领了卫城对面的一个高地，命人在这里造了一些器械，然后用这些器械向对面的卫城发射弓箭。发射弓箭前，波斯人就在弓箭一端缠上一层易燃物，然后在发射时将其点燃。这样一来，无数燃烧着的弓箭直接飞到了木墙上，木墙很快就燃烧起来，化为灰烬。不过，攻入卫城还是很困难的，因为其四周都是陡峭的斜坡，并且只要雅典守军往下扔石头，就会造成很严重的伤亡。

第 10 章 火烧雅典

最终，经过长时间的对抗与厮杀后，薛西斯成功进入卫城。原来，一些波斯士兵设法找到了一条可以登上城墙的路。在与驻守卫城的士兵经过一场厮杀后，他们成功进入城内，然后为城外的同胞打开了大门。面对希腊士兵的拼死抵抗，波斯士兵怒不可遏，杀死了他们后百般蹂躏，并屠杀了躲到这里的居民。最后，他们大肆抢掠财富，并一把火烧了卫城。

火烧雅典卫城是薛西斯此次远征行动的主要目标。此刻，目标实现了，薛西斯志得意满，兴高采烈。在为远征做准备时，他曾暗自下决心说自己一定要洗劫并摧毁雅典城。现在，他夙愿得偿。于是，他立即派出一名信使前往苏萨，向臣民传达胜利的消息。

第 11 章　*CHAPTER XI*

萨拉米斯战役（公元前 480 年）

The Battle of Salamis (*B.C. 480*)

萨拉米斯岛是一个形状非常不规则的岛，地处萨罗尼克湾内，位于雅典以西。所谓的"雅典港"就位于萨拉米斯岛对面的海岸。雅典港建在距离海岸线四五英里的高地上，从这里到萨拉米斯岛南部，也就是希腊舰队驻守的地方，只有四五英里的距离。因此，当薛西斯火烧雅典卫城时，站在甲板上的希腊人很快就看到了这场大火。

科林斯地峡位于萨拉米斯岛以西，穿过萨罗尼克湾抵达地峡大概需要航行十五英里。从雅典撤退的希腊舰队在驶往科林斯地峡时需要绕过萨罗尼克湾，路线有些迂回，而紧随其后的波斯舰队是直线航行过去的。清楚地了解战争波及的这些地方的地理位置关系后，希腊舰队和波斯舰队的作战计划就一目了然了。

希腊联军的策略一直是陆军和海军尽量相互配合，因此，当希腊陆军集中在温泉关时，希腊海军随之开往温泉关对面的埃夫里普海峡。利奥尼达斯及其率领的斯巴达勇士死守温泉关时，希腊舰队也在埃夫里普海峡英勇战斗，死守不退。后来，波斯人惊讶地发现希腊舰队不见了，这是因为希腊舰队收到消息说温泉关失守，而利奥尼达斯战死了。希腊舰队意识到雅典将是他们的士兵抗击波斯军队的下一个战场，所以撤回萨拉米斯岛，或者确切地说是萨拉米斯岛和雅典海岸中间的那个海湾，因为这里是给希腊陆军提供军事支援的最近的地方。然而，接下来舰队要去哪里，他们内部产生了分歧，并就此事召开了一次会议。就在会议进行过程中，希腊舰队得到消息，雅典失守，而希腊陆军的剩余部队撤到了科林斯地峡。这样一来，希腊舰队更加困惑了，不知到底该穿过萨罗尼克湾去科林斯地峡，然后密切配合希腊陆军，还是该留在原地竭尽全力抵抗紧随其后的波斯舰队。就这个问题，希腊舰队的各位指挥官召开了一次会议。

在这次会议中，雅典舰队的指挥官和科林斯的指挥官意见不合，险些发生冲突。从这两个城邦的地理位置关系以及双方面临的威胁来判断，这种矛盾在所难免。如果希腊舰队从萨拉米斯岛退守科林斯地峡,那么科林斯就会得到更好的防御。但如此一来,希腊舰队从雅典海域撤退,就意味着希腊联军将雅典所在的阿提卡地区的一切都交到了敌军手上。因此,雅典指挥官要求希腊舰队留在萨拉米斯岛,而科林斯指挥官则倾向于让希腊舰队退到科林斯地峡,支援那里的希腊陆军。

虽然在会议召开时,雅典失守的消息尚未传来。但一想到那么多波斯士兵向阿提卡进发,而雅典城里几乎没有希腊士兵留守,再笨的希腊人也明白雅典失守已是大势所趋。会议进行到一半时,波斯人攻占和焚毁雅典的消息传来,希腊舰队不得不立刻做出决定。科林斯指挥官和伯罗奔尼撒半岛上其他城邦的指挥官宣称,希腊舰队继续留在萨拉米斯岛十分荒谬,守卫一个已经被攻占的城邦毫无意义。会议很快陷入混乱,每个城邦的舰队指挥官都想回到自己的桨帆船上,而伯罗奔尼撒半岛上其他几个城邦的指挥官则决定第二天一早就撤退。希腊舰队的总指挥欧利拜德斯也觉得希腊舰队不能再留在萨拉米斯岛了。既然有一部分舰队坚持要撤退，考虑到现在的战况，他决定让希腊舰队全部退守科林斯地峡。接着，他发布了撤退的命令，其他指挥官则纷纷回到各自的桨帆船上去做准备。会议结束已是晚上，第二天一早，舰队将驶离萨拉米斯岛。

地米斯托克利是雅典舰队中一位赫赫有名的将领，在军中颇具影响力。会议结束后，他回到自己的桨帆船上。不一会儿，一个叫尼西菲卢斯的雅典人来拜见他。在这次重大危机面前，尼西菲卢斯显得焦虑不安，所以他趁着夜色来到地米斯托克利的桨帆船，想和地米斯托克利沟通一下第二天的行军计划。尼西菲卢斯向地米斯托克利打听会议的结果。

地米斯托克利回答道："放弃萨拉米斯岛，退守科林斯地峡。"

尼西菲卢斯说："如果这样，我们就没有应战的机会了。一旦我们离开这里，联合舰队一定会解散，到时每个城邦的指挥官都会撇下其他人，要么去守卫自己的城邦，要么自行寻找安全之所。到那时，我们就再也无法将兵力聚集在一起了。最后，联合舰队一定会一败涂地，而这种结局无论是欧利拜德斯，还是其他人都阻止不了。"

尼西菲卢斯口才很好，非常诚恳地向地米斯托克利分析了退守科林斯地峡的潜在危险，试图引起地米斯托克利的重视。虽然地米斯托克利表面没说什么，但他的神情已经表明，他很赞同尼西菲卢斯的观点。尼西菲卢斯催促他赶紧去找欧利拜德斯，然后尽力说服欧利拜德斯改变主意。对此，他既没有表示反对也没有表示赞同，而是乘着小船，命人载着自己划向欧利拜德斯的桨帆船。至此，尼西菲卢斯明白，他的目的已经达成，便离开了。

地米斯托克利乘着小船来到欧利拜德斯的桨帆船边。他说自己有特别重要的事情禀报总指挥。听到通传后，欧利拜德斯派人将地米斯托克利请到甲板上。地米斯托克利将尼西菲卢斯所言讲给了欧利拜德斯，说一旦舰队从现在这个地方驶离，各城邦的船舶必将各自散去，到那时舰队就很难再集中在一起了。因此，他敦促欧利拜德斯召开新的会议，收回撤离萨拉米斯岛的决定，然后在这里和波斯舰队开战。

地米斯托克利说服了欧利拜德斯。于是，欧利拜德斯立即采取措施，再次召集指挥官们开会。开会的命令是在午夜发出的，要求各级主要官员火速前往总指挥的桨帆船开会。当时距离舰队撤离的时间已经很近了，所以这一命令让人们十分紧张。在之前的会议中，科林斯指挥官竭力主张放弃萨拉米斯岛，他们猜想再次召开会议很有可能是要改变之前的决定。因此，开会之前他们便决定如果有人胆敢提出反对意见，那他们一定反抗到底。

舰队官员们来到欧利拜德斯的桨帆船后，欧利拜德斯还没向大家说明为什么要再次开会，地米斯托克利便开始就舰队的去留表态了。一个科林斯指挥官打断了他的发言，然后指责他竟然在自己之前发言。地米斯托克利反驳了科林斯指挥官的话，然后继续阐述自己的观点。他敦促人们重新审视之前会议的决定，留在萨拉米斯岛同波斯军队开战。不过,他向参会的人们阐述的理由与他单独跟欧利拜德斯阐述的理由不同。他之前是向欧利拜德斯控诉这些人的企图,即一旦放弃萨拉米斯岛,他们就会抛弃自己的盟友,然后乘着各自的桨帆船回到自己的城邦。但如果他现在直接这么说,肯定会惹怒他们,从而引起他们的敌意,这样一来,无论他提出何种观点,都会遭到其他人的反对。

于是,地米斯托克利迫不及待地阐述联合舰队应该留在萨拉米斯岛的理由。萨拉米斯岛比科林斯地峡的地理位置更优越,一支小舰队就可以抵御一支庞大舰队的进攻。在萨拉米斯岛,凸起的陆地可以防止敌人偷袭,保护联合舰队的侧翼。相反,科林斯地峡的海岸线较长,地形变化甚微,海岸附近也没有可供舰队停泊的港湾,所以将舰队停靠在那里既没有显著的优势,也没有宽阔的避风港。此外,即使联合舰队转移到科林斯地峡,再次与陆军的军事行动配合起来,也看不出舰队能从中得到任何实质性益处,并且在科林斯地峡比在萨拉米斯岛更容易暴露，面临的危险也更多。此刻，成千上万的希腊人正逃往萨拉米斯岛以寻求保护，如果舰队在这个时候离开，那就相当于弃他们的安危于不顾。

其实，最后一点才是雅典人不愿意离开萨拉米斯岛的主要原因。那些逃往萨拉米斯岛的人中有他们的妻子和孩子，因此，他们非常不愿意撇下妻子和孩子独自离开。他们知道，一旦舰队撤离，他们的亲人将面临怎样的不幸。但科林斯人坚持认为，雅典已经失守，希腊舰队继续停留在废墟附近已没有任何意义，毕竟联军还得守卫希腊其他地区的城邦。在地米斯托克利说完话前，前面指责他的科林斯指挥官再次打断了他的发言。

科林斯指挥官说："你的城邦已经失守，你再也代表不了一个城邦，你还有什么权利在这里发言？你现在根本不配参加我们的长官会议！"

面对这一无情的反驳，地米斯托克利愤愤不平。他非常严厉地斥责了对方，最后表态，只要雅典的两百艘桨帆船还在联合舰队中，他的城邦就还在，雅典舰队的指挥官在长官会议中就有绝对的发言权，并且他们的权力要比科林斯人认为的更大。

然后，地米斯托克利又转向欧利拜德斯，恳请他让舰队留在萨拉米斯岛，并在这里向波斯宣战。正如他所说，这是拯救希腊的唯一办法。他还表示，雅典舰队绝对不会去科林斯地峡。如果其他人执意要去那里，那么雅典人就会把萨拉米斯岛和阿提卡海岸地带的逃亡者聚集起来，然后设法去意大利。他们将在那里获得一块土地，建立一个新城邦，永远不回希腊。

欧利拜德斯本来对之前地米斯托克利阐述的理由将信将疑，但此时听到他说如果联合舰队离开萨拉米斯岛，雅典舰队将自行离开，便惊讶不已，果断命令联合舰队继续驻守萨拉米斯岛。最终，会议的其他成员默认了这个决定。会议解散后，诸位长官纷纷回到自己的桨帆船。此时，天已经快亮了。整个晚上，所有将士都处于紧张、焦虑的状态，迫不及待地想知道会议讨论的最终结果。

毋庸置疑，其间，每个人的心头都异常沉重。然而，就在这一重大消息即将传开时，黎明时分，这里突然发生了一场地震，人们的心情也由沉重变为恐惧。这样的震动不仅使大地晃动，连海上的船也摇晃不定。人们认为这种现象是神发出的郑重警告，因此，赶紧采取措施，举行了盛大的献祭仪式，以此来平息神的怒气。

与此同时，我们前面提到的波斯舰队正处于温泉关附近的埃维亚岛和陆地之间的海峡，发现希腊舰队离开那片海域后，波斯舰队开始向南追击。波斯舰队穿过埃夫里普海峡，快速绕过阿提卡南部的苏尼岬角，然后又沿着阿提卡的西海岸线北进，最后到达了距萨拉米斯岛不远的法勒鲁姆。而陆军一边，薛西斯结束了在雅典的军事行动，也率领波斯陆军抵达了法勒鲁姆。

毫无疑问，就目前来看，波斯的远征行动即将取得最终胜利。希腊半岛北部的所有城邦都已沦陷。希腊陆军已经被迫从其他地方撤退到了科林斯地峡，那里是他们抵御敌军进攻的最后一丝希望。而希腊联合舰队也被迫穿过道道海峡和片片海域,在不断遭遇挫败,又不断集结后,最终退至萨拉米斯岛。显然,萨拉米斯岛是希腊联合舰队的最后一处避难所,他们在那里等着波斯舰队的进攻。

总之,一切都预示着决战即将来临。一到达法勒鲁姆,薛西斯就召集人们在甲板上召开战时会议,商定决战的具体时间和作战方式。

会议的各项准备工作有序地开展。波斯人不仅从容不迫,还举行了盛大的阅兵活动和庆贺仪式。文臣、武将和贵族都应邀参加了此次会议。会议在一艘桨帆船的甲板上举行。为举办如此重大的会议,这艘桨帆船的人员进行了多番准备。他们为国王摆好宝座,并依照各级官员的品阶依次为其准备椅子。我们还记得,多利斯卡斯平原阅兵时,前文曾提到卡里亚女王阿尔泰米西娅,她是当时最著名的海军指挥官之一。她的椅子摆放在特别显眼的位置。马尔多尼乌斯作为国王代表和传达号令的人列席了会议,这是因为在这样的会议中,国王和与会者之间必须有一个传话人在场,就好像国王过于威严,以至即使是小国的君主和贵族也不能直接与国王对话。

会议正式开始,与会人员开始商议。国王指示马尔多尼乌斯让在座的各级长官依次发表自己的观点,讨论一下波斯舰队是否应该在萨拉米斯岛对希腊舰队发起攻击。马尔多尼乌斯传达了国王的话。长官们纷纷建议应该发起攻击。他们不仅阐述了执行这项计划时应该注意的问题,还表达了对这次行动的迫不及待的心情。

然而,等到阿尔泰米西娅发言时,人们发现她与其他人的观点不同。她发言时有点像在道歉。她说自己虽然是女人,但已经和其他指挥者一样,在过去参与的几次战斗中履行了自己的职责,所以有权参与此次会议并发表自己的看法。接着,就像其他人的做法一样,她对马尔多尼乌斯说:"我认为我们不应该与希腊舰队交战,相反,我们现在应该避免交战。在我看来,交战于我们无益,并且如果现在发起一场海战,我们还将面临很多危险。如果短兵相接，希腊士兵勇猛无敌。现在，他们的舰队已经被迫撤退了好几个海峡，考虑到他们受到的损失，此刻的希腊舰队必然会铤而走险。而我们的船员无论是体格还是勇气都相对逊色，因此，我觉得在希腊舰队准备背水一战时，贸然开战太危险了。无论其他人怎么想，反正我觉得结局并不明朗。"

阿尔泰米西娅接着说："此外，就现在他们所处的位置而言，我觉得此刻最希望开战的应该是他们，所以我们更不应该顺了他们的意。我很确定，他们的船舶数量不充足，他们在萨拉米斯岛上的粮草也很匮乏。更何况他们不仅要供养自己的军队，还要供养那些贫困无依的逃亡人员。如果我们一直驻守在这里，对其实施封锁，任由他们自生自灭，那他们很快就会苦不堪言，生不如死。或者，如果我们现在从这里撤离，立即开赴伯罗奔尼撒半岛，让海陆部队在那里集合，那我们就可以不战而屈人之兵。我相信，希腊舰队绝不敢跟随或骚扰我们。"

参加会议的人们都聚精会神、饶有兴趣地听着阿尔泰米西娅出人意料的发言，但每个人的感受各不相同。许多人是阿尔泰米西娅的朋友，听到她的发言，他们非常紧张，因为他们非常清楚这次开战是国王的既定意图，生怕她这个费尽心思想出来的大胆的反对意见会触怒国王。此外，参会的人中还有一些人非常忌妒阿尔泰米西娅的影响力，也非常忌妒国王对阿尔泰米西娅的重视。因此，听到阿尔泰米西娅的发言，他们心中一阵窃喜，她的话肯定会让国王非常生气，国王以后绝对不会再重视她了。阿尔泰米西娅的朋友忧愁，敌人欢喜，但他们担心和预料的那些统统没有发生。薛西斯非但没有生气，反倒大加赞赏了阿尔泰米西娅的诚实。尽管如此，薛西斯最终还是决定听从其他参会人员的建议。然后，他解散了会议，下令准备开战。

与此同时，在希腊舰队一边，在地米斯托克利的劝说下，欧利拜德斯决定留在萨拉米斯岛与波斯人开战，但一两天过去了，随着战事的逼近，那些最初不同意这一作战计划的人变得越来越不满和不安。实际上,有些船舶上的不满和不安已经变得非常明显和公开。地米斯托克利生怕某些将领会蔑视联合舰队驻守此地的决议并发动叛乱,然后带着他们城邦的船舶独自离开。为了防止这种擅离职守的情况发生,地米斯托克利想出了一个铤而走险的计谋。

地米斯托克利有一个奴隶,叫西琴诺斯。他不仅是个奴隶,也是一个受过教育的知识分子。实际上,他是地米斯托克利的孩子的老师。在古代,奴隶经常是有教养的文人雅士。这些人在被俘之前,其社会地位很有可能与现在的主人一样高。地米斯托克利决定派西琴诺斯去波斯舰队那里传递一个消息,从而诱使波斯舰队采取措施以阻止希腊联合舰队的分崩离析。他将自己的计划悄悄地告诉西琴诺斯,然后在夜色来临之时让西琴诺斯坐上小船,吩咐划桨者载着西琴诺斯去他想去的地方。这艘小船悄悄地从地米斯托克利的桨帆船旁驶出,避开停泊在周边的其他桨帆船,一路向南朝着波斯舰队的方向驶去。当小船划到波斯舰队附近时，西琴诺斯要求面见国王。薛西斯命人将他带上来，西琴诺斯说自己是希腊联合舰队中雅典舰队指挥官地米斯托克利派来的。

西琴诺斯说："我奉地米斯托克利的命令前来告诉您，他已经认识到希腊舰队的军事反击即将全面失败，所以非常想投靠波斯舰队。但考虑到他现在在军中的处境，不能公开投诚。此刻，他派我来是想告诉您，希腊舰队现在犹如一盘散沙，指挥官们之间意见不合，军心不稳，士气低落，甚至有几个城邦的桨帆船想要出逃。因此，若波斯舰队能将希腊舰队包围，或驻守在周边据点拦截那些企图出逃的桨帆船，那么整个舰队都将落入波斯人手中。"

说完，西琴诺斯再次回到自己的小船上，然后和来时一样，偷偷地回到了希腊舰队中。

波斯人立即决定采纳地米斯托克利的建议，以防止希腊舰队的任何桨帆船出逃。萨拉米斯岛和阿提卡海岸之间有一个小岛，小岛位于萨拉米斯岛东部，名叫普西塔利亚岛。占领这个小岛意味着能在很大程度上控制萨拉米斯岛和陆地之间的水域。波斯人在夜间派出了一支桨帆船分舰队，占领了这个小岛，希望可以就此阻止希腊舰队从这个方向逃跑。此外，波斯人还预见，随后的主战场一定在小岛附近，所以小岛将来能够成为破损的船和伤员的据点，毕竟他们通常都是就近寻找庇护所。因此，占领这个小岛十分重要。战斗一旦打响，他们还可以击退那些从战场上逃跑，企图上岸的人。

波斯人趁着夜色悄悄地占领了普西塔利亚岛，并派桨帆船驻守附近区域，从而切断了希腊舰队在这个方向上的退路。与此同时，波斯人还派了另一支庞大的分舰队向西挺进科林斯地峡，以期阻止那些绕过萨拉米斯岛然后从海峡的西北方向逃窜的希腊船舶。至此，为了阻止希腊船舶逃跑，波斯人已经在希腊人毫不知情的情况下包围了联合舰队。

一个叫亚里斯泰迪斯的雅典将领率先得知了

波斯人包围希腊联合舰队的消息。那天夜里，他历经波折，突破波斯桨帆船的重重封锁，从埃维亚岛回到希腊舰队所在地。亚里斯泰迪斯早些年在雅典曾与地米斯托克利斯发生过冲突，是地米斯托克利斯的劲敌。在一场政治冲突中，地米斯托克利斯获胜，而亚里斯泰迪斯则遭到流放。然而，此刻，他经受了那么多的困难与危险，费尽心思逃出波斯舰队的封锁线，只是为了告诉自己的同胞危险的存在，甚至想尽力挽救他们的生命。

当亚里斯泰迪斯到达希腊联合舰队时，指挥官们正在开会，他们焦躁又愤怒地争吵着，内容依然是希腊联合舰队到底该退该守的问题。亚里斯泰迪斯把地米斯托克利从会议中叫了出来。看到自己的宿敌突然出现在自己面前，地米斯托克利非常吃惊。

亚里斯泰迪斯说他觉得在这种紧要关头，二人应该不计前嫌，共同保卫家园，不惜献出生命。他表示自己从埃维亚岛来到这里就是希望能尽一份力。他还表示，现在讨论希腊联合舰队是否退守科林斯地峡已经毫无意义，因为现在离开这里已经不太可能。他说："波斯人已经包围了这里，我历经千难万险才冲破敌人的封锁。现在，欧利拜德斯与舰队想要从这里撤离已经不可能了。你赶快回去把这个消息告诉他们，现在他们唯一的选择就是在这里决战。"

地米斯托克利回复说，听到亚里斯泰迪斯带来的消息他太开心了。"波斯舰队的军事行动正是在我的诱导下进行的。我之所以派人给波斯人送信，就是因为一部分希腊人似乎不太愿意与波斯人开战，所以我想迫使他们留在这里。现在，你必须亲自对他们说一下这个情况。"他还说，"你直接向他们说明情况吧，他们不相信我说的话。进来吧，把你知道的情况说给他们听。"

于是，亚里斯泰迪斯进入开会的地方，告诉指挥官们现在他们已经无法撤退了，因为波斯的桨帆船就在西边等着拦截希腊舰队。他说自己历经艰辛从埃维亚岛过来，乘着一艘小船，加之有夜色掩护，才突破了敌人的封锁线。他确定希腊舰队已经陷入重围。

说完，亚里斯泰迪斯就退下了。他虽然能作为见证人进入会场向在座的指挥官们汇报情况，但汇报完就无权参加接下来的讨论了。

得知亚里斯泰迪斯带来的消息后，所有参会人员都十分恐慌。他们非但没有迅速达成一致意见，反倒争吵得更激烈了，局面即将失控。一些人之前一直想要退守科林斯地峡，如今变得非常生气，抱怨撤退机会摆在眼前时，欧利拜德斯不让他们走；一些人压根不相信亚里斯泰迪斯的话，仍然坚持撤离；其余的人之前就主张留在萨拉米斯岛，现在得知舰队无法撤退，就更得意了。实际上，他们的种种反应在很大程度上取决于他们对亚里斯泰迪斯的话的信任程度。当然，很多参加会议的人自始至终都没有相信过亚里斯泰迪斯的话，坚持认为这是那些想留守在萨拉米斯岛的雅典人的计谋，目的就是让舰队留在这里与波斯人开战。

尽管很多人怀疑亚里斯泰迪斯带来的消息，但这种怀疑很快就消失了，因为有新的确切的证据出现——当人们还在会议上争论不休时,希腊哨兵来报,有一艘三层桨帆船从波斯舰队驶来。实际上,这艘桨帆船是一艘来自蒂诺斯的希腊船,因为薛西斯在实施自己的征服计划时,曾将波斯大军征服的地方或向波斯大军投降的地方的桨帆船强制性地纳入波斯舰队中,以便使用其征服希腊的其他地方。但这艘桨帆船的指挥官不愿意对自己的同胞开战,所以决定趁着夜色驶离波斯舰队,加入了希腊联合舰队。这个指挥官叫帕拉埃提乌斯,他证实了亚里斯泰迪斯所说的都是实情。他确定希腊联合舰队已经处于波斯舰队的包围中,现在希腊联合舰队能做的就是赶紧进行战前准备,然后第二天一早迎战波斯舰队。对希腊人来说,这艘三层桨帆船的到来至关重要。希腊舰队的指挥官们终于结束了争论,所有人都紧紧地团结在一起,共同为战斗做准备。在之后的战斗中,这艘桨帆船发挥了重要作用。希腊人非常感激帕拉埃提乌斯及其率领的士兵,因为他们在这样一个夜晚冒着极大的风险从波斯舰队来到希腊舰队,并选择与自己的同胞同生共死。战后,希腊人把这艘桨帆船上所有人的名字都刻在一尊专门铸造的三足鼎上,并将其放置在德尔斐神殿内,成为爱国和忠诚的象征。

回到战争开始的那天早上,晨光熹微,希腊舰队的所有人员精神振奋,为即将到来的战斗做着最后的准备。作战计划已经制订好,号令也已经下达。检查完武器后,人们将其放在桨帆船的甲板上,以便随时取用。舰队的将士们互相嘱托,一旦自己遭遇不幸,另一方就代为照顾亲属,处理自己的财物。指挥官们都表现得很兴奋,不断鼓舞士气。那些意志坚定、身强体壮的人不断激励那些身体虚弱、意志不坚定的人。有些人虽然非常害怕即将到来的战斗及最终的结局,但有意隐藏了恐惧,表现出一副迫不及待想上战场的模样。

薛西斯让人在靠近海岸的一块高地上准备了一把椅子,这样他就可以亲自观战。届时,侍卫和其他人会站在他身边。这些人中有很多人是文书,他们准备了笔,战斗开始后他们将做记录,特别是要记下薛西斯看到的那些作战勇敢、建立战功之人的名字。这件事全军上下都已知晓。薛西斯认为这能够激励将士们奋勇杀敌,与此同时,在国王的监督之下,这些文书不仅要记下那些值得奖赏和表扬的人,还要记录那些需要接受惩罚的人。在接下来的战斗中这种情况出现了好多次,那些弃船逃到岸上的指挥官被带到薛西斯面前,薛西斯会命人当场砍下他们的头颅。其中一些被处死的人是希腊人,因为他们没能在薛西斯的指挥下成功打败自己的同胞。

黎明来临之前,地米斯托克利把能够召集起来的雅典士兵都集中在萨拉米斯海岸的一个地方,然后像希腊指挥官之前奔赴战场时那样,他也对即将出发的将士们发表了讲话。他说,在他们即将参加的这场战斗中,胜败并不依赖于参战人员的数量,而在于战场上的表现。他举了好几个例子说明,虽然有些作战方兵力较少,但作战人员纪律严明,紧密团结在一起,英勇作战,共同抗敌,最终打败了那些在兵力上远远超过他们的敌人。他承认波斯舰队的兵力比希腊舰队的兵力多，但希腊舰队还是能够战胜波斯舰队。只要士兵们能严格听从上级命令，执行上级制订的作战计划，齐心协力共同抗敌，就一定能够取得胜利。

地米斯托克利说完，立即命令士兵们登船出发。很快，希腊联合舰队就排列成作战队形了。

尽管希腊军队一向以队列整齐、纪律严明著称，但在进行战斗准备的过程中，还是充斥着恐慌与混乱。随着清晨来临，战斗一触即发，恐慌和混乱变得更加严重。船来来往往，穿梭不停，船桨的撞击声、兵器的叮当声、指挥官下达命令及士兵回应的叫嚷声混杂在一起，一切都显得混乱不堪。与此同时，双方桨帆船正在不断靠近，作战双方都迫不及待地想要开战。实际上，场面太混乱，以至战役全面爆发后，也没有人清楚地知道战役到底是如何开始的。有人说是之前派往埃维亚岛求援的船正好在早上返回，它在穿过波斯舰队的封锁时率先发起攻击；一些人的想象力比较丰富，在这种场面的刺激下，他们说在早晨朦胧的薄雾中看到一个女性形象，然后她不断地召唤和呼喊，催促他们开战，她还说："快点！快点！没有时间犹豫了。"

无论事情的真相如何，总之，战役很快就在萨拉米斯湾全面爆发了，四处是暴怒、厮杀、绝望和死亡的战斗场景。在当时的海战中，这种惨烈绝无仅有，即使是现在，人们也不敢再看一眼。在现代战争中，枪炮产生的烟雾很快就会在战场上方笼罩起一层无法穿透的恐怖面纱，大炮投射时发出的连续不断的轰鸣声足以掩盖所有其他的喧嚣声。因此，在现代战争中，处于战场之外的人很少能够看到或听到真实战争的恐怖之处，所有场面都被烟雾遮挡，所有声音都被连续的炮声掩盖。不过，在几十个世纪前，当薛西斯坐在海岸边的椅子上观战时，这种情况并未出现。天空万里无云，一片晴朗，水面很平静，自战役开始到结束，从外围望去，战场上空一直都非常清晰。薛西斯能够识别任何一艘船，同时关注它在战斗中的动向。他能看到谁在进攻，谁在撤退。在成百上千艘船舶的交战中，他能任选一艘船，然后在开战时观察它的作战情况，直到作战结束。他能看到那些在甲板上进行的格斗，那些落败的敌人掉到海里，还能看到武器破损，看到伤员被抬离战场，及那些落水的人像虫子般在光滑的海面上游泳。他还能看到一些人将桨帆船拉到岸边，看到一些人将守卫船的人或杀死，或扔到海里，或抓走，然后将桨帆船慢慢拉到安全的地方。

薛西斯在高地上观战，战场上发生的一件事引起了他的极大关注，他非常激动，尽管这一幕是假象。这件事其实是阿尔泰米西娅一手策划的。在具体讲述这件事之前，我们必须先了解一点，阿尔泰米西娅在波斯舰队的指挥官中树敌不少。很多人非常忌妒她的名气，忌妒她能够引起国王的注意，并且国王非常看重她的意见。在之前的军事会议上，当阿尔泰米西娅同其他长官一样向国王提出自己的意见时，他们的忌妒表现得特别明显。这些人中有一个叫达玛西提摩斯的人。当初，波斯舰队驶过赫勒斯滂时，阿尔泰米西娅和达玛西提摩斯曾经起过争执，尽管当时问题解决了，但两人还一直耿耿于怀。

在这次战斗中，阿尔泰米西娅指挥的船和达玛西提摩斯指挥的船及其他一些波斯船驶到了海湾的同一区域。在厮杀和混乱上演得最激烈的时候，可能是着急追赶敌船，阿尔泰米西娅的桨帆船和其他几艘桨帆船冲散了。当一些希腊桨帆船突然前来进攻时，波斯桨帆船发现自己陷入险境，于是在敌人的追赶中开始撤退。我们说撤退的桨帆船是波斯桨帆船，是因为它们在作战中代表波斯人，但实际上它们是希腊人的，是被薛西斯买来被迫参战的。看到这些桨帆船插着波斯的旗帜，希腊人才认出来。

在撤退的过程中，希腊和波斯的桨帆船或多或少混到一起。这时，阿尔泰米西娅发现离她最近的波斯桨帆船竟然是达玛西提摩斯指挥的。她马上降下自己的波斯旗帜，然后采用了一些巧妙办法使自己的桨帆船看起来像是一艘希腊桨帆船。这样一来，她就由被追的一方变成了追击的一方。她指挥桨帆船快速向达玛西提摩斯的船靠近，然后对自己的船员说，只有击沉了那艘船他们才能活下来。于是，船员们拼尽全力撞击达玛西提摩斯的船。此时，雅典舰队的船就在附近，他们看到阿尔泰米西娅的桨帆船的行动，以为那是希腊的桨帆船，便继续前行，将达玛西提摩斯交给阿尔泰米西娅处置。对阿尔泰米西娅这样的女性而言，她能指挥数艘桨帆船，面对如老虎般凶残的希腊士兵，仍积极参战，并享受战斗的乐趣，实属难得。因此，达玛西提摩斯的结局可想而知。阿尔泰米西娅杀死了达玛西提摩斯和其所有船员，将他的桨帆船击沉，然后危机一过，立即回到波斯舰队的队列中。她虽然不是特别憎恶那艘船上的船员，但还是觉得不留活口比较保险，从而避免东窗事发。

薛西斯兴致勃勃地在高地上看到阿尔泰米西娅正在与一艘船交战，他认为那肯定是一艘敌船。他唯一不确定的就是发起攻击的船究竟是不是阿尔泰米西娅的船。事件发生时，站在薛西斯旁边的官员说那艘船确实是阿尔泰米西娅的船，他们之所以如此肯定,是因为阿尔泰米西娅的船构造比较特殊。于是,薛西斯继续关注着战况。当看到最终结果时,薛西斯高度赞扬了阿尔泰米西娅,并说波斯舰队的许多男人打起仗来就像女人一样,只有这个女人打起仗来像个真正的男人。

如此看来,阿尔泰米西娅的策略简直就是一箭双雕。她既骗过了希腊舰队,又骗过了波斯舰队,并且从两方中都获益了。她让希腊舰队误以为自己的桨帆船是友船,从而救了自己的性命;她让波斯人误以为自己撞沉的是敌军的船,从而在波斯人中获得无上的赞誉和荣耀。

虽然看到这个场景及其他一些场景时,薛西斯很开心,并且交战初期还饶有兴趣地观战,但随着战斗的进行,当看到希腊军队正不断获胜时,他开始变得烦躁不安,愤怒不已。希腊舰队的指挥官虽然在战时会议中意见不合,互相埋怨憎恶,但在战场上既团结又坚定,同时表现得非常冷静、慎重和自律。数小时前,波斯舰队就开始节节败退。其中,最能够表现希腊人不可战胜和高效作战能力的就是亚里斯泰迪斯的行为。读者应该还记得在开战前的那个夜晚,波斯人曾占领了普西塔利亚岛,而这个小岛就在作战区域附近。波斯人占领普西塔利亚岛有两个目的,既可以把它作为战时波斯人的进攻基地,又可以破灭敌军类似的想法。此刻,亚里斯泰迪斯手里并无一兵一卒。他曾在地米斯托克利及其他敌人的迫害下被迫离开雅典,后来独自穿过埃维亚岛来到萨拉米斯岛的希腊联合舰队中,就是想向自己的同胞传递消息,告诉他们波斯人已经包围了希腊联合舰队。但战斗开始时,希腊联合舰队将他留在萨拉米斯岛上,让他做一名旁观者,并只留下了一支分舰队守卫这片海岸。不过,在战斗进行的过程中,亚里斯泰迪斯意识到这里已经不需要守卫了。于是,他立即担任起分舰队的指挥官,率领分舰队穿越海峡,然后在普西塔利亚岛登陆,接着攻占了这个小岛,杀光了驻守这里的波斯将士,其中包括薛西斯的兄长阿托巴赞。

夜晚来临后,希腊联合舰队占了上风,但还没有取得决定性胜利,也没有迫使波斯舰队全面撤退。波斯舰队中许多船虽然已经损坏,但剩余的船还有很多。波斯舰队从容地朝着停泊地——法勒鲁姆驶去。希腊联合舰队非常乐意波斯舰队撤退,没有上前阻挠。实际上,第二天希腊人一直在不停地召集残余的桨帆船,一面修缮被损坏的船,一面照顾伤员。总之,尽管在这次战斗中希腊联合舰队获胜了,但仍时刻准备着,一旦出现任何紧急情况,随时应战。希腊联合舰队不知道波斯舰队的状况到底如何,也不知道波斯舰队何时会发起新一轮攻击,他们把所有的时间和注意力都放在强化防御、整编舰队上,准备迎接波斯舰队的新攻击。

但薛西斯并没有打算发动新一轮的攻势。这场海战的失败给了他致命一击,使他意识到自己无法征服希腊。和希腊人一样,他也让人连夜修缮受损的船,集结剩余的桨帆船。然而,当人们忙个不停时,薛西斯郁郁寡欢。他不打算再战了,而是想尽快找到一种安全的办法,逃离眼下的危险,返回苏萨。

与此同时，海面漂浮着在战斗中遭到毁灭的船体，大量缠绕在一起的桅杆和索具，损坏的船桨，各种形状的武器以及在海水浸泡中肿胀起来的可怕尸体，它们随着海浪的翻滚和海风的吹拂四处扩散。最终，这些承载着萨拉米斯战役记忆的物品穿过了辽阔的地中海，在海浪的推动下涌向非洲海岸。这里有一个地方叫科里亚斯，未开化的科里亚斯人将船的残骸拽了上来，作生火的燃料。对这种意外获得的东西，他们满心欢喜，只是他们并不知道这些东西实际上源于一场可怕的战争悲剧。然而，这样的结局正好向希腊人解释了很久以前在雅典流传的古老预言，当时的先知一直不理解预言中的神秘之物到底是什么东西。那个预言就是：

科里亚斯的女人们将以波斯人的船桨为燃料烘烤食物。

第 12 章　*CHAPTER XII*

薛西斯返回波斯（公元前 480 年）

The Return of Xerxes To Persia (B.C. 480)

我们还记得，马尔多尼乌斯是薛西斯的军事指挥官，地位仅次于薛西斯。在所有随军人员中，他的地位最高。实际上，他的身份相当于首相，波斯帝国几乎所有大政方针及此次远征的后勤都由他负责。通常，当一个人处于高位时，一方面期待计划成功后，国王能赐给自己最高荣誉和奖励；另一方面也会担心一旦计划失败，自己可能会面临最坏的结局。因此，萨拉米斯战役后，马尔多尼乌斯非常害怕。他相信，如果波斯人继续作战，一定会取得成功；但他又非常了解薛西斯的性格，非常清楚薛西斯随时有可能派人前来处死自己。

马尔多尼乌斯观察到，战斗结束后，薛西斯变得郁郁寡欢，焦躁不安，仿佛在酝酿一个特殊的计划。他立即意识到薛西斯在考虑撤兵。他思忖良久，最终决定与国王交谈一番，以驱散国王内心的恐惧和不安，引导他继续完成此次远征。于是，马尔多尼乌斯上前跟薛西斯讲了下面这番话：

的确，昨天，我们在战斗中的表现没

有预料的那么好，但这就像我们之前经历的所有困难一样，挫败总是暂时的。陛下，您一路走来，远征前制订的计划现在几乎已经全部实现了。您的大军排除万难，顺利启程。您率领大军穿过了色雷斯、马其顿王国和色萨利；您也亲自率军披荆斩棘，英勇奋战，顺利通过温泉关；您摧毁了希腊北部所有城邦，也焚烧了雅典城。因此，对我们此次远征终将取得胜利，您不必有丝毫怀疑和不确定，因为我们可以看到您之前制订的所有宏伟目标都已实现。虽然我们的舰队遭受了重大损失，但我们一定要记住，我们的希望和未来主要依赖我们的陆军，而非舰队。我们的陆军现在很安全。此刻，希腊舰队也不可能派出更多兵力前去支援希腊陆军，从而让更多人陷入险境。

说完，马尔多尼乌斯又说了许多类似的话来鼓舞国王继续坚持下去，但收效甚微。薛西斯一直保持沉默，看起来非常困惑。最后，马尔多尼乌斯提议，即使国王觉得自己应该回苏萨，那也不能放弃征服希腊的计划，而是应该给他留下一部分兵力，让他率军继续作战，直至伟业实现，毕竟远征刚开始的时候，波斯军队的确所向披靡。他确信，给他留下三十万兵力就足以征服希腊。

马尔多尼乌斯的话让薛西斯的内心产生了很大触动。实际上，但凡是能让他逃离目前面临的危险的计划，他都非常乐意接受。他回复马尔多尼乌斯说，他还要与其他将领讨论一下这个问题。他确实这么做了。最终下决心之前，他想和阿尔泰米西娅商量一下。他记得阿尔泰米西娅曾建议他不要在萨拉米斯岛与希腊人作战，而事实证明，她的建议非常明智，因此，他觉得询问她对此事的意见会比较保险。

于是，薛西斯派人请来阿尔泰米西娅，屏退了其他所有官员和侍从，两人进行了一番密谈。

他说："马尔多尼乌斯建议我们不能因此次失

败而放弃征服希腊的计划，因为海上舰队对我们并不重要，我们的陆军毫发无损。他还建议，如果我要回苏萨，那么应该给他留下三十万人，由他继续完成征服希腊的伟大计划。说说你的看法。你在预见萨拉米斯海战的结果时表现出了远见卓识，现在我特别想知道你是怎么想的。"

阿尔泰米西娅思考了一番说，在这种情形下很难决定到底怎么做最好，但最终她给出的建议是，国王最明智的做法就是采纳马尔多尼乌斯的意见。"他自愿留下来征服整个希腊，您准许他留下来不会对您有任何影响。您征服希腊之前就昭告天下，此行的主要目标是焚毁雅典卫城。现在，您已经实现了自己的目标，可以正大光明地回到苏萨。如果马尔多尼乌斯最后真的能征服希腊，那么这份荣耀对您也有益。人们会认为，他只是沿着您开辟的道路，成功地完成了收尾工作。但万一他失败了，这份耻辱就是他一个人的，您最多就是失去这位将领而已。因此，无论结局怎样，您本人都是安全的，您的利益和荣誉不会受到任何损害。如果马尔多尼乌斯愿意承担这份责任,继续冒险战斗,那么您应该给他这个机会。"

薛西斯欣然采纳了阿尔泰米西娅的意见。她的一番分析让薛西斯意识到,这种选择不仅与自己之前内心的真实想法吻合,还非常明智。于是,薛西斯立即决定返回苏萨,让马尔多尼乌斯留下来继续完成征服希腊的计划。在实施这项计划前,薛西斯决定要在大军和所有高官的护送和陪同下,从陆路北上,直到赫勒斯滂,然后在这里将兵权交给马尔多尼乌斯,并让他挑选出一些将领同他一起留在希腊,而自己则率领其余将领返回苏萨。

事情往往就是这样,人会因恐慌而想要逃避,殊不知,逃避只会让人更恐慌。这是一条铁律。薛西斯决定从希腊撤退后,他内心的恐惧就开始与日俱增,生怕有人会阻挠,所以他并没有想象中那么轻松。他害怕万一那座由船搭建的桥被毁,他该怎样渡过赫勒斯滂。为了防止希腊舰队得到消息后北进,毁掉桥梁,切断自己的退路,薛西斯决定撤离时秘而不宣。因此,当在陆地上迅速、高效地安排各项撤离事宜时,他还把舰队召集到海边,用船舶搭建一座从陆地到萨拉米斯岛能够漂浮在水上的桥梁,给人一种继续战斗的假象。他推迟了自己的撤退计划,整整一天忙着搭桥的工作,直至夜晚来临。天还没有完全黑,他就让自己的家人和亲戚登上阿尔泰米西娅的船,这艘船由一个对薛西斯非常忠心和可靠的人负责。薛西斯命人把他们送往以弗所,那是一座位于小亚细亚、实力雄厚的城市。薛西斯认为家人和亲戚去那里会比较安全。

夜晚来临了,薛西斯命令士兵们停止修建桥梁和其他一切工作,立即收锚启航。薛西斯命他们想尽一切办法前往赫勒斯滂,然后守卫桥梁,直到自己到达。第二天一早,当太阳升起时,希腊人惊讶地发现自己的敌人消失不见了。

希腊舰队的士兵们兴奋、激动地站到了甲板上。指挥官们决定立即追击波斯舰队。船员们扬帆,起锚,然后各自就位。整支舰队开始快速行进,一直开到安德罗斯岛。途中,希腊人一直急切地向四周海平面望去,却一直没能看到波斯人的踪迹。于是，欧利拜德斯令舰队靠岸，所有指挥官集合开会，商议下一步行动计划。

希腊人就此展开讨论。此时雅典人和伯罗奔尼撒半岛上其他城邦的人们又产生了分歧。双方这次意见不一致是有原因的。雅典人的基业已经尽毁。波斯人焚毁了雅典卫城，劫掠了整个城邦，迫使雅典人的妻子和孩子背井离乡，悲苦不堪。现在，雅典人一心只想着报仇。因此，他们主张继续追击敌军，如果追不上，那就竭尽全力在薛西斯之前到达赫勒斯滂，毁掉桥梁，让他无处可逃。其实，这是地米斯托克利的主张。但欧利拜德斯及伯罗奔尼撒半岛上其他城邦的指挥官则主张不要在波斯舰队撤退时一直这样追赶，毕竟波斯人的实力非常强大，如果波斯人真的打算撤离希腊，那么希腊人应该让他们撤离，而毁掉桥梁的最终结果只能是让这个可怕的敌人一直留在希腊。经过投票，其他人否决了地米斯托克利的主张，希腊舰队总指挥最终决定让波斯舰队撤离。

在自己的观点遭到众人否决后，地米斯托克利又想出来一个非常大胆的计谋，而这也是他军事生涯中非常重要的一个节点。他再次派人给薛西斯送了一个虚假信息。他还是派出了上次在萨拉米斯海战前夕送信给薛西斯的西琴诺斯。地米斯托克利派给西琴诺斯一艘桨帆船，然后挑选了数十个忠心耿耿的人随他同去。地米斯托克利让他们发毒誓，无论在何种情况下，都绝不向任何人谈及此次任务。在这些人的陪同下，西琴诺斯在夜里悄然离开舰队，然后驶往阿提卡海岸。登陆后，西琴诺斯走下桨帆船，让船员留守，自己则带了两个仆人向波斯军营走去，请求面见薛西斯。进入薛西斯的营帐后，西琴诺斯对薛西斯说，自己代表希腊最著名的指挥官地米斯托克利来此送信，希腊人想要全力赶往赫勒斯滂，截断波斯人的退路，但地米斯托克利觉得自己是薛西斯的朋友，上次他就冒着风险来给薛西斯送信，而这次他竭力劝阻希腊舰队的其他指挥官留在原地。经过他的一番劝说，希腊舰队决定待在南部海岸，不去阻挠波斯军队撤离。

西琴诺斯关于其主人如何为薛西斯着想的话，都是谎话，但地米斯托克利认为只有这样说才能达到自己的目的，因为即便自己现在是希腊最勇敢、最受重视的军事将领，未来还是有可能为了保命而流亡在外。因此，提前与波斯国王交好对他很重要，尽管这种建立在伪善和虚假之上的交好用处并不大。作为一名希腊将领，他在会议上遇到挫折后，在这么短的时间内就能如此冷静地向敌军传递消息，只为和薛西斯攀交情，这简直是一种赤裸裸的欺骗，这种欺骗手段将大胆与故弄玄虚发挥到了极致。

薛西斯率军马不停蹄地向北行进。但因为波斯军队曾经洗劫了周边地区，所以如今，薛西斯发现他们很难获得食物和水。波斯军队用了四十五天的时间才到达赫勒斯滂。其间，军队供给的匮乏及面临的困难越发严重。将士们身心俱疲，还要不时应对敌军的袭扰。军队启程时，成千上万的病人和伤员试图跟上大军，但随着大军的行进，他们慢慢落伍了。有的人留在营帐里，有的人在行军途中无力跟上大军，直接躺在了路边。一路上，坏掉的战车、死去和将死的驮畜及倒在路边的士兵随处可见，几乎堵塞了所有道路。总之，通往北部地区的路上无不充斥着大军撤退的可怕场景。

最后，人们实在没有东西吃，就开始吃草根，甚至直接把树皮扯下来吞食，期望这些东西能够提供一些基本的营养，至少能暂时维持一下生命。此外，除了饥荒的折磨，军队中还出现了各种传染性疾病，行军条件进一步恶化。在沿着爱琴海岸行进的过程中，军队爆发了伤寒、霍乱及其他一些易传染的疾病。那些因罹患可怕疾病而身体机能紊乱的病人死后，尸体开始腐烂，病毒通过空气传播给其他人。最终，在这些可怕事件的影响下，波斯军队的人数锐减。

最后，薛西斯仅率领剩下的一小部分军队抵达了赫勒斯滂附近的阿拜多斯。他发现桥梁已经毁坏。之前，他命人花费大量时间辛苦建造的巨大建筑物已经不复存在，甚至没有留下一丝存在过的痕迹，只有四周的海滩上留有一些残骸，而这些残骸一半已经埋在了土里。此时，波斯舰队仅剩下几艘小船，薛西斯自己坐上了一艘，然后让其他几个侍从坐上剩余的几艘小船，不再顾及身后精疲力竭的士兵，自顾自地划向对岸，最终安全抵达赫勒斯滂亚洲海岸一侧。

薛西斯登陆的地方是塞斯托斯。他从这里前往萨迪斯，然后继续赶路，很快就回到了苏萨。马尔多尼乌斯留在了希腊。他是一位作战经验丰富、领兵能力特别强的将领。薛西斯走后，他很快整编了军队，优化了军队结构。然而，他没能实现自己的壮志。他发动了多次进攻，其中有胜也有败，不过，这不是我们叙述的重点，就不赘述了。最终，在一次大规模的战斗中，他不幸落败，战死沙场。一部分波斯士兵被迫投降，另一部分波斯士兵被永远地驱逐出境。

回到苏萨的宫殿后，薛西斯发现自己终于安全了，欣喜万分。他回顾自己一路走来遇到的艰难险阻、风餐露宿及各种危险，非常庆幸自己能够逃离。他决定再也不这么冒险了。壮志已酬，荣誉等身，现在他只想好好地享受生活。作为波斯国王，他既已决定享受生活，自然就不会特别介意享受生活的方式，也不会介意那些和他一起分享快乐的人的身份和地位。因此，他很快就过上了花天酒地、寻欢作乐的生活。他沉溺于这种迟来的狂欢中，狂欢常常从前一天晚上一直持续到第二天，然后第二天晚上继续。薛西斯将政务全部交给大臣处理，自己什么事情都不过问，任由自己沉溺于声色犬马、骄奢淫逸中，无法自拔。

薛西斯有三个儿子，分别是大流士、叙斯塔司佩斯和亚达薛西，他们都可能是王位继承人。其中，叙斯塔司佩斯住在与苏萨相邻的一个行省，其他两个王子住在苏萨。薛西斯的宫廷中还有一个非常有名的官员阿塔巴努斯，他的名字和之前劝说薛西斯不要攻打希腊的那个叔叔的名字一样。薛西斯第一次穿过赫勒斯滂后，曾命令叫阿塔巴努斯的叔叔返回苏萨，但后来他没再出现在人们的视野中，消失不见了。第二个叫阿塔巴努斯的人是国王的侍卫长，也是经常负责执行国王命令的行刑人。国王在自己的宫殿中,有家人的陪伴,还有阿塔巴努斯及其他侍卫的保护,所以觉得艰辛和危险已经远去,现在可以安全地享受生活了。然而,他并不知道自己即将面临人生中最大的危险。阿塔巴努斯已经在暗中策划谋杀他了。

一天,薛西斯在寻欢作乐时,大皇子大流士因某件事惹他不高兴,于是,他下令将大流士处死。这时,他已经喝醉了,阿塔巴努斯以为他醒来时会忘记这件事,但他没有忘记。第二天,薛西斯开始质问阿塔巴努斯为什么没有执行自己的命令。阿塔巴努斯开始担心起自己的安全,所以决定立即执行之前一直在反复考虑的计划,那就是杀了薛西斯全家,然后自己登上王位。阿塔巴努斯想方设法收买了薛西斯的一个侍从,在他的默许和帮助下,夜间偷偷溜进国王的寝室,趁国王睡觉时杀死了他。

阿塔巴努斯将刺杀薛西斯的血淋淋的凶器留在现场,然后很快冲进了薛西斯的小儿子亚达薛西的寝室。阿塔巴努斯将亚达薛西摇醒,特别惊慌、恐惧地对他说，他的父亲被他的哥哥大流士杀死了。接着，他又说："他的目的是继承王位，并且确保不会有人争夺王位，所以，接下来他要杀的人就是你了。现在，你赶紧起来自卫。"

听到这个消息，亚达薛西顿时怒不可遏。他立即拿起武器，冲到大流士的寝宫，当场杀死了无辜的哥哥。在这个有些复杂的悲剧之后，接连发生了一些类似的谋杀。其中，阿塔巴努斯及其所有支持者都死了。最终，亚达薛西登上了王位，接替薛西斯统治了波斯帝国。

（根据哈珀兄弟出版公司出版的英语版译出）